基于验问理念的数学"Σ"课程

张国立 著

北京理工大学出版社
BEIJING INSTITUTE OF TECHNOLOGY PRESS

版权专有　侵权必究

图书在版编目（CIP）数据

基于验问理念的数学"Σ"课程 / 张国立著. —北京：北京理工大学出版社，2020.6
ISBN 978-7-5682-8602-2

Ⅰ. ①基… Ⅱ. ①张… Ⅲ. ①小学数学课-教学研究 Ⅳ. ①G623.502

中国版本图书馆 CIP 数据核字（2020）第 115066 号

出版发行 / 北京理工大学出版社有限责任公司
社　　址 / 北京市海淀区中关村南大街 5 号
邮　　编 / 100081
电　　话 /（010）68914775（总编室）
　　　　　（010）82562903（教材售后服务热线）
　　　　　（010）68948351（其他图书服务热线）
网　　址 / http://www.bitpress.com.cn
经　　销 / 全国各地新华书店
印　　刷 / 保定市中画美凯印刷有限公司
开　　本 / 787 毫米 × 1092 毫米　1/16
印　　张 / 15.5
彩　　插 / 4
字　　数 / 230 千字
版　　次 / 2020 年 6 月第 1 版　2020 年 6 月第 1 次印刷
定　　价 / 72.00 元

责任编辑 / 徐艳君
文案编辑 / 徐艳君
责任校对 / 周瑞红
责任印制 / 李志强

图书出现印装质量问题，请拨打售后服务热线，本社负责调换

"验问"教育,为学生的创新意识奠基

拿起书稿,"验问"二字映入眼帘。什么是"验问"呢?我联想到了猜想和验证、发现和提出问题,而这些正是创新意识的应有之义。正如《义务教育数学课程标准(2011年版)》中对于"创新意识"所描述的:"学生自己发现和提出问题是创新的基础;独立思考、学会思考是创新的核心;归纳概括得到猜想和规律,并加以验证,是创新的重要方法。创新意识的培养应该从义务教育阶段做起,贯穿数学教育的始终。"

而"创造教育"正是海淀第二实验小学的办学思想,数学课程的构建离不开这一丰厚的土壤。海淀第二实验小学经过多年叩问、思考与实践,确立了"培养文化底蕴丰厚,具有发问精神和实验精神的长久创造者"的育人目标,使学校成为"学习者的检验所,验问者的实验室,创造者的体验园"。发展学生的创新意识无疑是非常重要的:一方面具有创新意识和创新精神是学生适应未来生活和发展的重要素养;另一方面探索未知、不断产生新想法无疑是儿童的天性。正如苏霍姆林斯基所说的:"人的内心里有一种根深蒂固的需要——总想感到自己是发现者、研究者、探寻者。在儿童的精神世界中,这种需求特别强烈。"

在学校办学理念的基础上,数学团队根据学生调研的实际情况,架构起了海淀第二实验小学数学"Σ"课程体系。"Σ"这一符号在数学上代表求和,而在这里则隐喻着数学课程的丰富性。这一丰富不仅体现在海淀第二实验小学数学课程是由"基础性课程+拓展性课程+研究性课程"组成的,"三位一

体"更展示出数学丰富的育人价值。其中，基础课程旨在探索促进学习理解、应用实践、迁移创新的学科能力发展的课程结构；拓展课程则通过开放性的活动设计，真实情境、真实问题的设置，使学生的数学思考、问题解决和情感态度价值观等得以衍生和延伸；研究性课程是根据学生的需求而开发的个性化课程，旨在满足学生多样的发展需求。数学"Σ"课程设置的背后体现出了海淀第二实验小学数学团队对于数学丰富育人价值的深刻认识，这些育人价值的实现将为发展学生的核心素养提供丰富养料。实际上，学科的育人价值集中体现在帮助学生形成核心素养上，即鼓励学生通过学习逐步形成正确的价值观念、必备品格和关键能力。在数学学习中，学生可以不断体会思考的乐趣，逐渐发展好奇心、求知欲和自信心；养成实事求是、合理质疑、独立思考的习惯；认识到数学对人类生活和社会进步的作用，感受数学探索与创造的过程；特别是形成敢于质疑、严谨求实、言之有据的精神，这正体现了人类理性的精神。

数学"Σ"课程体系需要进一步切实落实到课堂教学中，为此海淀第二实验小学数学团队进行了多方面的有益探索，总结起来有以下几个主要特点：

第一，基础课程紧紧抓住单元教学。发展学生的数学素养，需要整体把握数学课程，开展单元教学。在核心素养视域下，单元已经成为教师进行教学和教学研究的基本单位。单元教学需要深入挖掘知识本质及其教育价值，发挥结构的力量，将知识有机地联系起来，帮助学生逐步领悟知识背后蕴含的数学思想方法，并将其迁移应用于新的情境中，以促进他们的意义理解和自主迁移。海淀第二实验小学数学团队根据数学课程标准中的核心概念，实践了多个单元教学的案例，这无疑给单元教学实践提供了有益借鉴。

第二，活动设计帮助学生获得数学活动经验和数学思想。基础知识和基本技能一直是我国数学教育的基本特征之一，也成为我国数学教育的优势。在《义务教育课程标准（2011年版）》中则在"双基"的基础上拓展了基本思想和基本活动经验，形成了"四基"。这种拓展体现了对发展学生实践能力和创新精神的基本要求。一个人要具有创新精神，可能需要三个基本要素：创新意识、创新能力和创新机遇。其中，创新意识和创新能力的形成，不仅需要必要的知识和技能的积累，更需要思想方法、活动经验的积累，几方面缺一不可。学生数学活动经验和数学思想的感悟和获得无疑需要数学活动，在书中我们可以看到大量丰富的活动，学生在这些活动中大致经过了"经历、内化、概括、迁移"的过程。首先，需要经历，无论是生活中的经历，还是学习活动中的经历，对于学生基本经验的积累都是必需的。但仅有经历是不够的，还需要学生在活动中充分调动数学思维，将活动所得不断内化和概括，并最终迁移到其他的活动和学习中。

第三，注重学生应用意识和推理能力的发展。课堂教学中，教师需要鼓励学生经历知识的发生发展和应用过程，在这个活动过程中帮助他们逐步形成相应的思维方式，发展学科素养。针对前期调研中学生推理能力比较薄弱的现状，海淀第二实验小学数学团队抓住推理能力的两个重要要素——猜想和验证，积极鼓励学生经历"获得数学猜想—验证猜想"的全过程，鼓励学生通过观察、操作、归纳、类比等活动得到新的猜想，同时验证自己猜想的正确性，说明理由做到言之有据。正如波利亚所说："假如你希望用几个字来说明什么是科学的方法，那么我提议它是：猜测和检验"。与此同时，教师还鼓励学生带着数学的眼光去观察、去思考、去表达我们所生活的这个世界，发展他们的应用意识。海淀第二实验小学数学团队通过创设真实的情境、真实的问题，帮助学生认识到数学是有用的，有意识地发现生活中的数学信息和问题，主动尝试去解释现象、解决实际问题，积极寻找数学对象的实际背景。

第四，鼓励学生发现和提出问题、分析和解决问题。学生发现和提出问题有着丰富的价值，如前所述，"学生自己发现和提出问题是创新的基础"，有利于发展学生的创新意识、反思质疑能力；发现和提出问题也将促进学生学习的主动性和积极性；发现和提出问题还将促进学生解决问题，加强数学理解。在这本书中的很多地方都可以看到学生鲜活的问题，教师营造了鼓励学生发问的良好环境，呵护和激发了学生的好奇心；进一步，又鼓励学生进行独立思考和分享交流来尝试解决问题，在此过程中将学生"原始"的好奇上升为"理智"的好奇。学生的问题引领了思维、引领了需求，最终会引领他们创造。

多年的实践开花结果，海淀第二实验小学的学生和教师得到了发展，学生在区域测试中数学能力的表现越来越好。2018年海淀第二实验小学数学团队加入了我所主持的"问题引领学习"课题，由于课题我对于他们的课堂教学有了更为深入的接触，课堂中学生主动发问、积极探索、深入交流，这些都给了我留下了深刻的印象。学生的精彩折射出教师的精彩，折射出数学"Σ"课程乃至"验问"教育的力量！书的出版是对海淀第二实验小学数学团队多年实践的总结，也是一个新的开始，期待着他们对于数学教育的重点和难点问题继续探索。比如如何能够在"大概念"下更好地开展整体教学，如何能够运用问题激发学生深度学习，如何能够基于儿童问题更有效地开展学习，如何能够鼓励学生解决更多的真实世界的真实问题，如何能够进一步激发学生的好奇心和求知欲……

面向未来，我们携手共行！

北京教育科学研究院　张丹

2020 年 12 月

上篇 验问理念：数学"Σ"课程的理论构建……001

第一章 学校"验问课程"的一体化设计……003
第一节 "验问课程"的背景……003
第二节 "验问课程"的建设……010
第三节 "验问课程"的设置……012

第二章 验问理念统领下数学"Σ"课程的提出与构建……014
第一节 数学"Σ"课程的提出……014
第二节 数学"Σ"课程的目标……020
第三节 数学"Σ"课程的设置……021

中篇 验问实践：数学"Σ"课程的教学探索……029

第三章 调动操作和思考，积累数学活动经验……031
第一节 理论基础……031
第二节 典型案例分析……034

第四章 引导思维进阶，感悟数学基本思想……086
第一节 理论基础……086
第二节 典型案例分析……089

第五章 组织探究性学习，激发数学创造力……131
第一节 理论基础……131
第二节 典型案例分析……137

下篇　验问实效：数学"Σ"课程中的师生发展 …………… 195

第六章　学生成长——全面发展，学有所长 …………… 197
　　第一节　学生评价的理念与方式 …………………………… 197
　　第二节　验问课堂，奠定学习基石 ………………………… 202
　　第三节　项目式学习，迸发创造力火花 …………………… 209

第七章　教师成长——全面育人，教有特色 …………… 226
　　第一节　教师评价的理念与方式 …………………………… 226
　　第二节　研中学，项目中促成长 …………………………… 231
　　第三节　教中评，课堂中见真章 …………………………… 233

参考文献 ……………………………………………………… 237

上篇

验问理念：数学『Σ』课程的理论构建

培养创新型人才是促进我国社会迅速发展的重要基石，是我国 21 世纪人才教育的核心任务。美国著名的心理学家托兰斯提出了创造力思维四阶段理论，将创造力定位为四个过程："觉察和明确事物中的问题、困难、信息链缺口、元素缺失、不协调以及不一致的过程；从解决问题的角度出发，探寻解决途径、做出猜想和构建假设的过程；评估并验证猜想和假设，做出可能的修改并再验证的过程；分享和交流结果的过程。"（衣新发等，2019）可见，培养学生的创造力，需要建立在培养学生发现问题、提出问题、通过实验探究解决问题的能力基础上。基于创造力思维四阶段理论，结合学校的实际情况，北京市海淀区第二实验小学构建了"验问课程"体系，并在此开发了数学"Σ"课程。本篇首先对学校"验问课程"的背景、理念、目标与设置进行介绍，然后具体呈现验问理念统领下的数学"Σ"课程是如何提出与构建的。

第一章

学校"验问课程"的一体化设计

第一节 "验问课程"的背景

一、教育改革与发展背景分析

中共中央国务院办公厅《关于深化教育体制机制改革的意见》指出，要注重培养支撑终身发展、适应时代要求的关键能力，培养学生认知能力、合作能力、创新能力、职业能力。可见，创新作为时代主题是教育必须关注和落实的。陶行知认为：所谓创造教育，是培养民族活力的教育，是培养学生"独出心裁"能力的教育，是一个民族生生不息的活力，是一个民族文化中的精髓。为此，我们明确了"创造教育"的办学思想，培育学生在小学阶段"学习的兴趣、丰富的想象、创造的品格"，为创新型人才培养造就根基。

2015年7月，北京市出台《北京市实施教育部〈义务教育课程设置实施方案〉的课程计划（修订）》，新修订的课程计划突出义务教育课程的实践性、综合性、活动性取向，标志着北京市的课程理论与实践进入一个新的时代，是一次历史性的课程变革。这次课程改革使学校拥有了更多的课程自主权，同时也面临着构建课程体系的严峻考验。

2016年10月8日，《海淀区"十三五"时期教育改革和发展规划》正式发布，为未来五年海淀教育改革和发展指明了方向。海淀教育有着深厚的文化底蕴——红色基因、皇家文化、科技创新，海淀区学校应以此为契机，创设有着深厚的教育文化积淀和敢为人先、鼓励创新、包容失败的教育文化氛围。

深化教育改革的要求、培养学生具有终身发展和适应未来关键能力的育人要求，为学校提供了课程改革的政策支持和努力方向，而建设和完善学校的课程体系成为重要载体。

二、学校背景分析

（一）学校情况

北京海淀区第二实验小学始建于1946年，1958年更名为清河第二小学，1999年合并朱房小学、清宁路小学，更名为海淀区第二实验小学。学校一校四址，占地约4万平方米。目前开设113个教学班，近5000名学生，400余名教职员工。

70余年来，伴随着国家和地区的发展，学校办学质量不断提升，目前已发展成为海淀北部一所办学规模较大、区域影响力较广、周边百姓认可的好学校。

学校地处全国科技创新中心核心区——中关村科学城附近，作为创新的前沿阵地、新兴产业策源地、高端要素聚集区，中关村科学城为学校教育发展提供了丰厚资源和良好生态；海淀教育的飞速发展，更为学校提供了极大的发展空间和有力支撑，良好的教育环境成为学校跃升的软实力。学校先后被评为文化建设、科技、艺术、体育、国防等北京市的示范校和特色学校。几年来，学校克服学位极大不足的困难，努力承担地区教育责任，为地区发展做出贡献；并发挥辐射引领作用，以自身的发展带动地区教育的发展。

随着我国的政治、经济、文化不断向纵深发展，社会更需要具有创新精神和创新能力的人才，学校作为一所有影响力的实验小学责无旁贷，从"为创造者奠基"的办学理念出发，着力打造以"验问课程"为核心的课程体系，以满足学生个性发展的需求、社会对教育的需求、国家对人才的需求。

（二）学生情况

从学生家庭背景上看，随着原城乡接合部在地区发展中的重新定位和新建高端社区的不断增加，学生生源更加多元。其中，高学历科技创新人才大量入住清河地区，在学校就读的高知家庭子女数量增长迅速，家庭层次的变化带来的是对课程的高度关注和对子女成长的高要求，因此，是否有适合学生未来发展的学校课程成为家长的需要和关注的焦点。

为使课程设置更适合学生发展，学校从学生与家长选择课外班情况、更喜欢学校开设的哪些课程两个维度，利用项目反应理论，通过锚题筛选和数据统计分析，让两次调研（2018年和2020年，见表1-1）"等值"，把两把"尺子"变成一把"尺子"，为优化"验问课程"结构提供依据。

表 1-1 学生、家长选择课外班情况汇总

选项	2018 年 小计	2018 年 比例	2020 年 小计	2020 年 比例
A. 艺术类	2991	64.59%	1352	30.21%
B. 体育类	1943	41.96%	605	13.52%
C. 语文	1270	27.42%	1634	36.51%
D. 数学	2176	46.99%	2434	54.39%
E. 英语	3484	75.23%	3271	73.09%
F. 科技类	565	12.2%	453	10.12%
其他	374	8.08%	581	12.98%
本题有效填写人次	4631		4475	

两次调研结果显示：学生报课外班现象比较普遍，选择也十分多元；家长选择更多的是语数英方面的应试教育产品；在结构领域上重艺术轻科技，重成效轻能力，而学生兴趣最浓厚的学科恰恰是科学和美术。

特别是在2020年延期开学期间线上课程调研中，我们了解到，学生对探究性学习、学科阅读、学科拓展内容更感兴趣，像"云春游""云参观""云实验"等基于学科实践活动开展的课程尤为受到关注。如表1-2和表1-3所示。

表 1-2 2020 年延期开学期间线上课程调研

选项	小计	比例
A. 观看市区资源	1979	44.22%
B. 探索发现	2755	61.56%
C. 心康体健	1490	33.3%
D. 温故知新	2727	60.94%

续表

选项	小计	比例
E. 英语时间	2122	47.42%
F. 拓展空间	2536	56.67%
G. 关注时事	1047	23.4%
H. 家务小能手	1067	23.84%
写出喜欢板块的原因	1344	30.03%
本题有效填写人次	4475	

表 1-3　课程设置中学生期待增加的课程内容

选项	小计	比例
A. 云春游	2005	44.8%
B. 云参观	2149	48.02%
C. 云游览	1657	37.03%
D. 云实验	3237	72.34%
E. 其他	510	11.4%
本题有效填写人次	4475	

从学生整体素质上看，学生普遍具有较高的智力水平和良好的学习习惯、生活习惯、学习品质；连续三年海淀区七年级检测学生学业水平整体表现出质量高、差异小的特点；通过第三方测评的科学、艺术、人文素养等均处于良好水平；学生身心发展健康，人际关系良好。但学生自主发问意识和创新能力较弱，缺少寻根问底、探究实验的精神。学校学生整体发展成枣核型，发展很好的学生占比为 20%，受家庭、心理、生理问题影响成长缓慢的占比为 10%，全面、均衡发展的占比为 70%。

回顾国家提出的"认知能力、合作能力、创新能力、职业能力"四种关键能力是未来创造者应具备的品格，面对学生学习品质的实际状况及对课程的内心需求，如何通过学校课程的建设培养社会所需要的人才是我们最迫切需要解决的问题。学校"验问课程"的优化，要着力培养学生的发问精神、实验精神，学校的课程设置应遵循几大原则：既要关注学生的需求，开设他们更喜欢可选择的课程，又要关注被忽略的能力培养，注重学生综合能力和素养的提升。长期以来，学校在学生全面发展的基础上，也非常重视个性发展，学生在艺术、体育、科技方面特长凸显。

（三）教师情况

北京市海淀区第二实验小学拥有一支业精品佳的干部队伍和一支团结奋进的教师队伍。多年来，全体教职工坚持教书育人、管理育人、服务育人，为打造优质教育奋力拼搏。学校有专任教师274人，其中高级教师36人，有研究生学历的44人。学校有市区级骨干教师62人，占专任教师22.63%。学校已经形成良好的教师梯队，教师有强烈的专业提升和成长的愿望，发展潜力巨大。

学校于2016年开始进行课程梳理，经历了一个不断丰富、不断完善的过程，在这个过程中，教师对课程的认识逐渐清晰。图1-1是学校教师认为的课程建设中最大困难的调研结果分析。

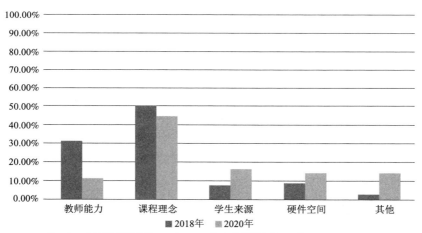

注：2018年有效填写人数234人；2020年有效填写人数267人

图1-1　课程建设中的最大困难

通过两次调研结果比对，我们欣慰地看到：在教师们认为的课程建设面临的最大困难中，课程理念由当初的50.43%下降到44.19%，教师能力由31.2%下降到11.24%，说明近90%的教师有参与课程建设的意愿与热情，教师对课程建设持支持、关心的态度，并且参与课程改革的愿望比较强烈，希望得到更多的支持与发展。一些教师已经走上了课程开发的探索之路，数学实验课、语文阅读、英语剧社、微电影、创客、篮球、行进管乐、儿童画等拓展课程卓见成效。教师们经历四年的课程研究与实践，特别是2020年1月放假前，100%的教师参与课程案例故事撰写，他们从不同学科、不同角度，讲述了自身对课程的理解，对课程开发与实践的体会，对课程评价与效果的反思。教师们普遍认为：是课程改变了教师教与学的方式，促进了教师对学科本质、学科思维的理解和把握，提升了课程能力，实现了学科育人功能。

三、"验问课程"发展历程

（一）初探期：落实国家课程为主，校本课程初步尝试

学校开足开齐国家课程并基于学校的办学条件、教师的专业特长和学生的发展需求，在一至三年级开设了舞蹈校本课程，在三、四年级开设了书法校本课程。

（二）发展期：盘活有限教育资源，建设特色课程

学校进行了科学、合理的统筹安排，体现课内外相结合。通过整合，学校初步形成了科技类、艺术类、体育类等六类校本课程。

（三）成熟期：以文化理念引领，逐步完善课程体系

学校实现对基础课程、拓展课程、研究课程三级课程的统整，进行一体化实施。目前进入不断调适、完善、发展，实现课程育人成效最大化的迭代期。学校课程建设是一个动态的、不断深化和发展的过程，每一个发展时期都成为下一阶段发展的基础和背景，而前期课程建设和实施的成效，也会进一步助力学校课程的深化和改革。

四、SWOT策略分析

综上背景分析，"十三五"期间学校将课程建设作为撬动整体发展的有力杠杆，通过问卷调查、师生访谈等工具，面向全体教职工、学生、家长、社区等进行全面调研，广泛汇集数据；利用SWOT分析法（见图1-2），总结先进经验，立足核心优势，突破发展瓶颈，认清面临挑战，把握发展机遇，以学校育人目标为引领，以学生的实际成长为落脚点，整合课程资源，改进课程建设策略，优化课程体系，深化实践研究，促使学生在课程中全面落实核心素养。

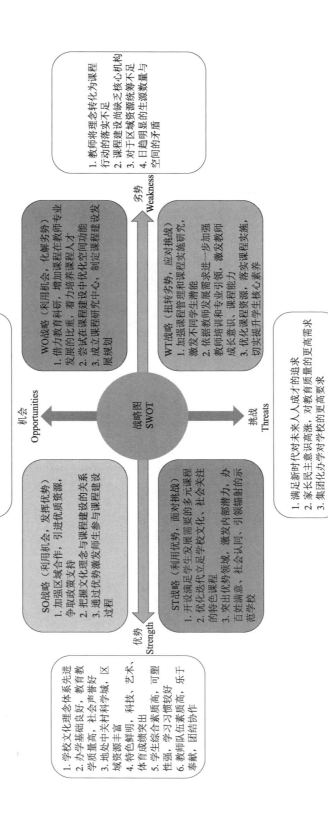

图 1-2 SWOT 矩阵战略分析

第二节 "验问课程"的建设

一、"验问课程"的理念

学校坚持"文化立校"的发展思路,围绕"为创造者奠基"的办学理念,构建了一脉相承的"实验文化"理念体系,这一长期积淀形成的理念文化成为学校课程建设的指导思想和重要支撑。

学校的课程建设必须基于国家"立德树人""全面发展""五育并举"等培养目标,确立明确的价值体系,解决"培养什么人的问题"。学校应该确立怎样的课程培养目标?什么样的课程设置能真正适合学生发展,为他们的未来奠基?不断的自我追问、思考与研讨中,我们确立了"培养文化底蕴丰厚,具有发问精神和实验精神的长久创造者"的育人目标,并把"创造教育"作为学校的教育思想。这一目标和"实践求真,验问达明"的校训(见图1-3)都强调了对学生创造能力、实践能力和求真求实素养的培养,其核心是培养学生的发问和实验精神,二者都是创造教育的实践路径。

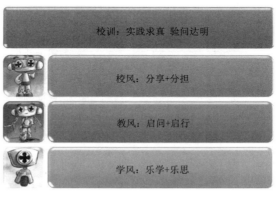

图1-3 一训三风

为此,确立学校的课程为"验问课程",并明确了学校课程建设的价值追求和发展定位。我们希望"验问"能沉淀为学生的精神品质,塑造"求真、担当、开放、包容"的创造者品格,成为他们终身学习的宝贵财富,为他们的未来奠基;最终以"验问课程"的建设与实施,达成"学习者的检验所,验问者的实验室,创造者的体验园"这一办学目标。

二、"验问课程"的目标

(一)课程目标

1. 课程培育目标。学校依据"中国学生发展核心素养"框架体系,确定了基于"创造教育"的核心素养的培育体系。主要包含四大素养结构:健康理念、文化底蕴、社会担当和创造品格,并进行了校本化表达和特色化表达。长久创造者需要以健康为前提,以丰厚的文化底蕴为基础,以社会担当为出发点和归宿点,以发问和实验的创造品格为必备品格,这很好地呼应了学校的培养目标。如图1-4所示。

图1-4 基于"创造教育"思想的核心素养结构

2. 课程建设目标。整合优化三级课程,建立具有学校特色的"验问课程"体系,完善学校课程建设与评价机制,实现课程整体育人,提升办学质量。

3. 教师发展目标。通过课程实践、反思、总结、评价的过程,提升教师对课程的理解力、领导力、执行力,培养一支学习型、研究型的教师队伍。

第三节 "验问课程"的设置

一、课程设置的基本原则

为了更好地坚持国家课程、地方课程校本化实施,推进校本课程多元化建设,学校以基础性、自主性、融合性、开放性、创新性为原则设置"验问课程"。

1. 基础性原则。"验问课程"的开设以基础课程为出发点,立足于保证和满足每个学生生存和学习发展的需要。开设的课程包括基础学科的科目,这些科目为学生提供文化基础知识的学习,使学生掌握最基本的学习方法,为学生的一生奠定基础。

2. 自主性原则。自主性原则是指在教育过程中,尊重儿童爱好自由的天性,使儿童自主、快乐地学习,成为具有自主性的人。"验问课程"为学生的教育留有宽泛的课程选择和发问探索的空间。

3. 融合性原则。在课程建设中,以优化综合实践活动课程为契机,加强不同课程领域间的融合,打破学科壁垒,突破教育与教学间的界限,融会贯通形成教育合力,发挥课程的整体育人功能。

4. 开放性原则。课程建设强调与学生生活、社会发展相联系。课程实施过程体现民主性和尊重个性发展的原则。提倡教学活动的多样性、教学时间和空间的开放性、学习方式的自主性、评价标准的差异性。

5. 创新性原则。以"多元智能理论"等教育理论为支撑,立足于学校、家长、社区教育资源,立足于教师的专长、学生的兴趣,创造性地设置研究类课程,让学生在实践中体验、感悟,提高学生的实践能力、发问精神和创新精神,促进学生全面健康地发展。

二、"验问课程"的结构与体系

学校结合"验问课程"的目标,基于课程设置的六大原则,构建了适合学生发展的"验问课程"体系(见图1-5)。

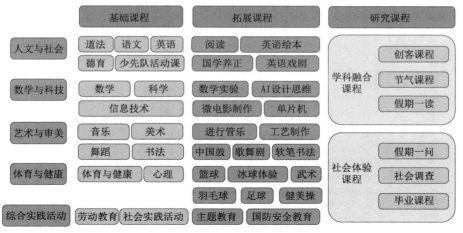

图1-5 基于"创造教育"思想的"验问课程"体系

从图1-5我们可以看到,聚焦素养结构的核心要素,坚持"五育并举",我们把"验问课程"整合划分为基础课程、拓展课程、研究课程三级课程。从横向看,分为五个领域:人文与社会、数学与科技、艺术与审美、体育与健康、综合实践活动。从纵向看,基础课程通过学科课程群系统构建实施,侧重对发问和实验能力、习惯的培养,奠定创造之基;拓展课程是国家课程在广度和深度上的延展,分为必修和选修,分别指向学科和兴趣,最大限度满足学生个性需求和选择空间,为他们更深层次的思考、发问和探究搭建平台,巩固创造之元;研究课程是基于创造教育思想的综合性实践探索课程,它包括打破学科壁垒,基于学科自由联通的学科融合课程和超越学科界限,指向非学科的更广领域的社会体验课程两种样态。研究课程呈现融合性、广域性、自主性的课程品质,侧重指向创新精神、创造能力和求真求实、责任担当的创造品格的培养,成就创造之美。

第二章

验问理念统领下数学"Σ"课程的提出与构建

第一节 数学"Σ"课程的提出

学校结合当前社会对人才的需求，基于学校的实际情况，明确了"培养文化底蕴丰厚、具有发问与实验精神的长久创造者"的育人理念，构建了验问理念的课程体系。基于此，学校数学教师组不禁思考当前的数学课程设置能否培养学生的提出问题和实验探究能力，验问理念下的数学课程该何去何从？学校数学教师组开展了一系列实践调研，分析学生和教师在数学课程方面的需求，依据需求对验问理念下的数学课程建设进行了思索。

一、数学课程需求的实践调研

（一）学生需求调研

课程是促进学生发展的育人载体，课程应基于学生的发展需要而进行设置。学生是课程的起点，了解学生现有的真实水平与想法是我们构建课程的前提。因此在"验问课程"理念下，我们对学生目前的课堂参与情况以及学生在数学思维提高上的需求进行了调研。

1. 调研目的：了解以学生为主体的课堂，学生的数学课堂参与情况是怎样的？如图 2-1 所示。

通过图 2-1 我们可以看出，近 75% 的学生还是有提出问题并表达自己见解的机会的，无论跟老师交流，还是和同学交流，但这样的一个数据是不是就说明了我们学生有非常高的课堂参与热情，有课堂参与积极性，是以学生为中心的课堂了呢？掀开华丽的面纱之后，背后是什么呢？于是，我们对学生进行了进一步的访谈。访谈结果如图2-2所示。

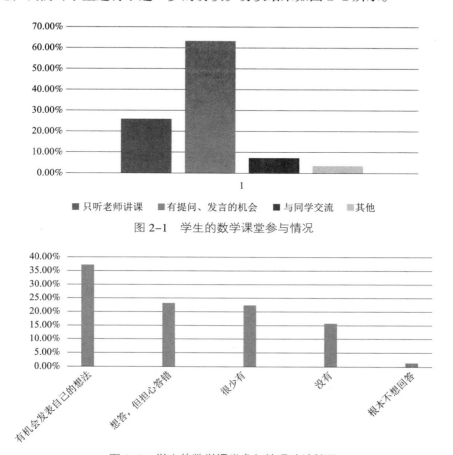

图 2-1　学生的数学课堂参与情况

图 2-2　学生的数学课堂参与情况访谈结果

通过访谈我们发现：学生主动发表自己想法及见解的只占37.2%，说明学生自主学习、主动参与不够，教师在调动学生学习的主动性、创造性、积极性，加强学生自学、创新能力的培养等方面还存在不足。也就是说，我们的课堂要真正地以学生为主体，必须改变教与学的方式，让学生积极主动地参与到课程中。因此教师要紧紧围绕促进学生发展进行课程设计，重视学生形成积极主动的学习态度，使获得知识与技能的过程成为学会学习和形成正确价值观的过程。

2. 调研目的：了解学生在数学思维提高上的需求。

不管小学数学课程还是中学数学课程的学习，除了掌握基本知识、基本技能还提出要培养学生的创新意识与数学思维能力。这就要求我们不仅要让学生掌握数学知识，会用数学的眼光看待问题，用数学的语言表达，还会用数学的思想去思考问题，用数学的思维解决问题。于是我们针对学生数学思维状况展开了调研，如图 2-3 所示。

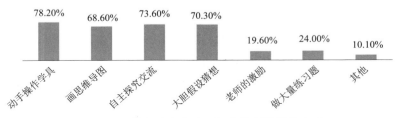

图 2-3　学生认为有助于提高数学思维的方式

从学生的回答中可以看出，学生认为有助于提高数学思维的方式主要集中在动手操作、思维导图、自主探究、大胆假设猜想等方面。这些方面折射出从直观模型的运用到解决问题的思考方式，体现了从形象思维到抽象思维的过程，进而把所学到的知识迁移到新的环境和问题中，自己发现、提出问题并寻求解决问题的方案。面对学生的需求，实际课堂上又是怎样的呢？如图 2-4 所示。

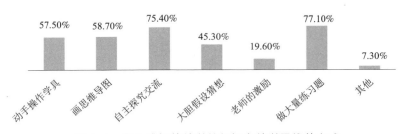

图 2-4　学生感知的数学教师提高数学思维的方式

从图 2-4 我们可以看出，目前课堂上数学教师提高数学思维的方式虽是多样的，但是学生感知到的通过"做大量练习题"提高数学思维方式仍占有较高的比例，因此数学课堂上提高数学思维的方式有待改善。

根据上述两个调研结果我们发现，数学的理解、能力的提高不能仅是知识的回忆与再现，而是要把时间和问题留给学生，让学生自主思考、概括和摸索，用实践操作提高理论学习的有效性，用时间和空间营造良好的氛围便于学生发现并提出问题，用多样的数学教学方式拉近与学生之间的距离。

这样的调研结果，给了我们一个启发：那就是对于数学课程开发而言，不仅仅要考虑课程开发的内容，还要考虑数学课程资源的教育价值。数学思维能力是创新能力的重要基石，真实的数学思维过程是数学教学中最有意义、最能实现数学课程资源教育价值的策略与手段。借助于数学课程资源启发学生探究发现的思维，这是学生必备的核心素养之一。只有培养创新精神和提高学生的数学思维能力，才能有效地帮助学生吸收数学课程的知识，提高学习能力，甚至提出自己的思想，提高数学水平和综合能力。

（二）教师需求调研

教学是教师教和学生学的统一活动，教师作为学生的主导者，在课堂教学中发挥了极其重要的作用。了解教师教学的真实情况与需求，也是我们在数学课程的设置上需要重点考虑的。

问题是教学的逻辑起点，几乎所有的教学活动都与各种形式的问题有关。现代课程的基本架构是"问题引领课堂"，课程改革的主要任务是通过问题设计来"重新组织"课程内容。教学问题是可以设计的，并不都是随机的；针对教学问题设计有效的活动，从而让学生付出更多的认知努力。教学问题的设计能够为学习者预先构制聚焦教学思考的框架，使教学进程朝学生能力的方向发展，培养学习者思维技能的持续发展。基于此，我们进行了课堂观察，收集课堂中教师提问与学生回答等关于问题化教学方面的数据，如图2-5和图2-6所示。

通过图2-5我们发现，教师在数学课堂中提出的推理性问题占66.7%，创造性问题占20.83%。也就是说能引起学生依据一个或几个已有的知识或经验，经过思维的加工，推导出带有学习者个性化特征的概念、判断或推理的问题较多，围绕学生创造力的开发而设计的问题，要求学生致力于原创性和评价性思考，主要表现为要求学生能做出预测，解决生活中的问题较少。这样课堂上就出现了图2-7所示的情况，学生的创造评价性回答越来越少。

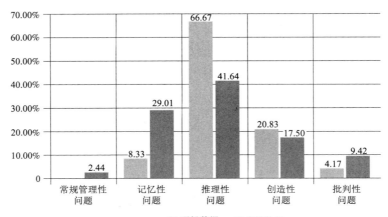

图 2-5 教师在课堂教学中提问的类型

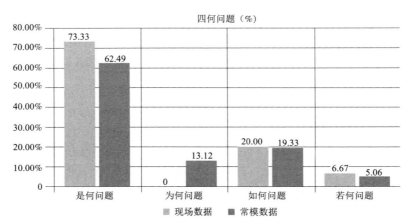

图 2-6 教师在课堂教学中提问的种类

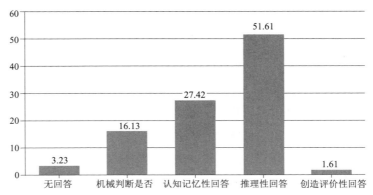

图 2-7 学生在课堂教学中回答问题的类型

综上可以看出，数学教师不仅要营造学生主动发现并提出问题的良好环境，还要明白数学课程的价值是什么。数学教师在注重学生获得知识的同时，还要注重学生数学思维的培养，要让学生学会在新情境下能运用数学思想和数学思维看世界、表达世界、思考世界。

二、数学课程建设的理论思考

学生在数学课程上的需求是我们数学课程建设的起点。依据需求理论，学生的需求是指学生在成长过程中感受到的现有的发展水平与理想的标准之间的差距或不平衡状态。通过对学生的调研以及观察课堂教师的教学，我们发现，尽管我们的数学课堂尝试了一些方法来提高学生提出问题和实验探究的能力，如设置问题串、大问题引领课堂、设置贴近生活实际的问题情境，在学生汇报方式上展示学生不同的想法等，但是由于种种原因，比如学生课外班的"抢跑"、教师的教学行为的改进迟缓等，使得学生目前数学的发问能力与实验探究能力的水平与理想的标准之间仍存在着一定的差距。

怎样解决呢？为此，我们基于课标、期刊、论文经常出现的，在20世纪和21世纪之交引入的大量词汇，如数学建模、自主建构、合情推理、合作交流、问题解决、尝试猜测等进行思考，发现人们往往只关注了这些词汇的含义，而忽视了这些词汇的背景：创客教育、STEM、数学实验等。我们发现这些词汇的背景最终指向都是拓宽学生的问题空间，即学生由初始状态到目标状态的一种行为空间。因此数学课程的建设需要从问题空间入手。

对于问题空间，我们又有哪些抓手呢？于是，我们想从数学学科的性质、数学课程标准对数学教学的要求、国家教育战略三个层面考虑。首先从数学学科的性质上看，有两个侧面：一方面，数学是欧几里得式的严谨科学，像是一门系统的演绎科学；另一方面，创造过程中的数学，看起来却像一门实验性的归纳科学。其次从数学课程标准对数学教学的要求上看，培养学生的实践创新能力是一个重点。具体来说，《义务教育数学课程标准（2011年版）》是这样阐释的：为了帮助学生真正理解数学，组织学生开展实验、操作、尝试等活动，引导学生进行观察、分析、抽象概括，运用知识进行判断……教师应当努力开发制作简便实用的教具和学具，有条件的学校可以建立供学生使用的"数学实验室"，以拓宽他们的学习领域，培养他们的实践能力，发展其个性品质与创新精神，促进不同的学生在数学上得到不同的发展。

最后从国家教育战略层面上看，创新教育越来越成为我们教育发展的重心。具体我们可以从不同年份的国家教育政策中的关键词发现。2016年：创新教育，通过教育信息化提高国民素质和增强国家创新能力已经成为教育发展的必要途径；2017年：核心素养，双一流，正式发布"中国学生发展核心素养"，共分为文化基础、自主发展、社会参与3个方面，综合表现为人文底蕴、科学精神、学会学习、健康生活、责任担当、实践创新6大素养，具体细化为国家认同等18个基本要点；2018年：教育强国，素质教育；2020年：坚持能力为重——学习能力、实践能力、创新能力；2035年：教育现代化、人的现代化——自主发展。从这些关键词可以看出，我们教育的最终指向是人的现代化，学生的角色也将发生变化，转变成知识的主动搜集者、问题的提出者，主动式学习越来越普遍。

三个层面的对比后，我们明确了知识经验在能力素养中的基础地位，意识到学生的输入—学科认识方式的输出—学科能力表现，以及学生面对不确定问题情境所表现出来的关键能力和必备品格，都必须依托于创新课程的开发与实施。

第二节 数学"Σ"课程的目标

一、总体目标

1. 通过数学"Σ"课程提高学生的应用意识和创新意识，形成学生以自己发现和提出问题为基础的学习能力，提升学生的思考水平。课程内容贴近学生的实际，促使学生养成独立思考、动手操作、追求深度思考的基本学习形式。

2. 数学"Σ"课程强调动手实践、自主探索与合作交流，为学生安排足够的时间和空间通过动手操作来实现观察、实验、猜想、验证、推理、计算、证明等活动。注重集体参与、交往互动；激发学生兴趣，调动学生积极性，引发学生思考；注重鼓励学生有自己的想法，经常通过归纳概括来获得猜想和规律，并养成动手实践或验证想法的学习习惯。

3. 数学"Σ"课程注重学生在获得知识和技能过程中所感悟到的学科思想方法，以及解决问题和迁移创新的意识和能力。

二、学段目标

基于数学"Σ"课程的总体目标，根据每个学段学生的认知发展特点和数学核心素养要求，我们构建了六个年级的学段目标。具体学段的目标设置如表 2-1 所示。

表 2-1　数学"Σ"课程的学段目标

学段	认知发展特点	学习特点	学段目标
低学段	前概念思维，出现符号、表象、直觉思维	直观操作为主	1. 通过自主实验、合作互助，在问题情境驱动下动手操作、动脑思考； 2. 成为能自主的学习者
中学段	概念性思维，个别性认识上升为普遍性认识	问题解决为主	1. 鼓励学生善于提出问题，感悟数学思想，积累活动经验； 2. 成为能感悟的学习者
高学段	本源性思维，能从多角度、多侧面、多层次、多结构去思考	问题解决为主	1. 培养独立思考、敢于质疑、善于合作的思维品质； 2. 成为敢创新的学习者

第三节　数学"Σ"课程的设置

一、总体架构

具体课程的设置需要遵从目的性、选择性、学生为本、综合性四大原则。因此我们依据国家层面的培养目标、学校的育人理念、学生个性特长发展需要，基于学生需求调研，架构了北京市海淀区第二实验小学数学"Σ"课程体系。

"Σ"取自希腊字母 Σ，形似于 Mathematics（数学），Experiment（实验）的首字母 M 和 E，Σ 在意义上代表求和。从层级上看，"Σ"是基础性课程＋拓展性课程＋研究性课程；从育人方面看，"Σ"是关键能力＋必备品格。

数学"Σ"课程体系分为三级课程，分别是基础性课程、拓展性课程、研究性课程。基础性课程是国家课程，拓展性课程是在基础性课程的知识体系、学生能力结构，以及学生经验体系的基础上对基础性课程的拓展和延伸，基础性课程与拓展性课程相互联系、相互补充，研究性课程是根据学生的个性需求而开发的个性化课程。具体内容如图 2-8 和图 2-9 所示。

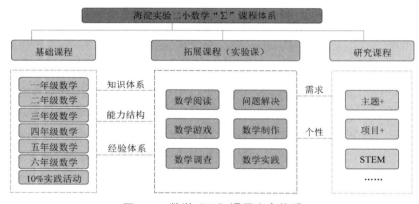

图 2-8　数学"Σ"课程内容体系

图 2-9　数学"Σ"课程能力体系

从图 2-9 数学"Σ"课程能力体系我们可以看到，数学"Σ"课程体系在三级课程设置中，重视学生的知识体系、经验体系、需求体系，并在此基础上在培养学生能力上下功夫，力求把数学课堂打造为学习者的检验所、问验者的实验室、创造者的体验园。

二、具体安排

（一）以基础课程为核心——体系化

国家课程作为基础课程，面向的是全体，即全面育人。基于此，为了全面落实国家课程标准，数学"Σ"课程中的三级课程以基础课程为核心，并在此基础上努力使知识内容、能力培养成体系。

我们通过教研活动不断地思索如何使数学知识内容体系化。我们每两周一次的数学实践共同体，都围绕在单元整体把握的主题下如何整体理解单元结构并在单元中建构"承重墙"，如何打通单元知识模块的"隔断墙"，沟通知识之间的联系，让核心能力贯穿到单元的系统学习中等问题进行讨论交流。以四、五年级的"摸球游戏"为例，整体把握两个年级中数据分析单元。在四年级的摸球游戏中由明盒引入，盒中球的数量是已知的，通过摸球活动把学生由确定性思维（可能性大的一定发生）带入不确定性思维，并在摸球活动中感受可能性有大有小。五年级的摸球游戏是由暗盒引入，盒中球的情况未知，产生收集数据的需求，经历摸球活动获得数据，并通过对数据的分析得到信息，进一步做出简单的推断。但是得到的信息以及做出的推断仍然是或然的、不确定的。四年级到五年级为什么由明盒变为暗盒呢？目的在于经历暗盒摸球活动的过程感受数据是有用的、会说话的，初步感受数据的随机性。根据分析我们把本单元的问题提出任务放在了数据是有用的、会说话的内容的理解上。摸球游戏这节课我们认为问题提出的点应该是亲身经历收集数据、整理数据、分析数据的真实过程，并能做出较为合理的推断，在游戏中亲近数据，读懂数据，感受数据有用，这样才能帮助学生更深入地理解体会随机性，从数据中初步感受数据背后所蕴含的信息。因此，我们对四年级和五年级的摸球游戏的教学内容有了一个整体的把握，在此基础上我们对这两部分内容进行了对比，这样学生在数据分析观念、分析数据的能力有了层次感，产生了进阶，形成了体系。

由表2-2可以看出，借助数学共同体的研究，一方面1~6年级在单元整体把握下积极建构各年级以及年级之间的知识体系；另一方面我们还在数学的各个领域选取不同的主题，从学生的认知特点和关联性等角度确定研究思路，找到知识间、素材间、方法间能体现学生主体意识的动态建构过程，使学生经历数学思维结构化的全过程。在这个过程中，我们也在寻求结构化拐点，目的是让学生形成持续学习数学的必备品格与关键能力。

表 2-2　数学实践共同体部分内容的设置

研究领域	研究主题	主要研究思路	学生思维结构化	资源再开发
数与代数	小数、分数的认识与再认识	1. 找准学生认知起点； 2. 沟通整数、小数、分数之间的联系	从数的认识中由整数的认识关联其他数，理解知识的逻辑关系	如何在数的认识中感悟数的组成与结构，在感悟中使思维结构化？
数与代数	分数除法	1. 建立整数、小数与分数运算之间的联系； 2. 加深对数的认识	从运算思路到通性通法的过程中，建立方法之间的联系	怎样把自己的运算思路与同伴的进行对比，在对比中学会学习？
图形与几何	平面图形的面积	1. 让学生的学习路径可视化； 2. 找到学习的拐点	从图形的认识到图形的测量，运用直观与抽象、多样化的反思主动重构	平面图形的思维经验能迁移到立体图形的学习中去吗？
统计与概率	平均数、摸球游戏	1. 整体把握同领域内容之间的联系； 2. 明确教材真实情境、素材资源背后的意图、价值	数据的收集、整理、分析一直贯穿其中，同样"数据可以说话"等都可以用结构化的素材体现	怎样在生活中应用数据分析的理论架构出数学模型？

（二）以拓展课程为辅助——多元化

在以基础课程为核心的前提下，我们设置了拓展课程用以辅助。基础课程通过单元整体把握进行知识体系化，探究基于学习理解、应用实践、迁移创新的学科能力结构及表现，我们参考整个义务教育阶段学生应具备的数学核心能力，即数学问题提出、数学问题解决、数学推理与论证、数学表征与变换、数学交流、数学建模，并与小学阶段数学十个核心概念，即数感、符号意识、空间观念、几何直观、数据分析观念、运算能力、推理能力、模型思想、应用意识和创新意识，进行对比，发现学生素养能力表现应注重连贯性，同时还应关注学生学习数学的积极态度以及应用数学所具备的品格。因此设置拓展课程，一方面基于基础课程的知识体系、能力结构可以得到有效的补充和拓展，另一方面通过开放性的活动设计，真实情境、真实问题的设置，使学生学习数学的积极态度以及应用数学所具备的品格得以衍生、延伸。

从内容设置上，拓展课程的初级阶段，是对小学数学国家教材进行扩充、开拓、扩展、延伸、展开的课堂教学，通过创设问题情境，提供活动空间，让学生在动手操作、实践研究等活动中发现数学知识，感悟数学思想与方法，提升数学素养。拓展课程并不是简单地增加知识点，也不是简单地增加教学时间，而是在数学学科教学时间总量不变的前提下，以培养学科关键能力为目标，适当地整合教材，相应地增加一些学习内容。拓展课的素材可以是对教材某一概念或知识点的深入研究，也可以是练习中一道习题的开放设计，还可以是对数学历史、文化的挖掘，从而多角度培养学生的数学素养。具体而言，拓展课程的开发主要从以下几个方面考虑。

1. 以核心知识为主题拓展。从学生所学知识的困难出发进行拓展。在日常教学中经常有这样的情况，例如学生经常对周长与面积概念混淆，所以就可以从核心知识点——周长与面积的关系——出发，对怎样围面积最大等主题进行拓展。

2. 以开放的习题为主题拓展。如以长方形铁皮，四角各切掉一个小正方形，怎样设计容积最大为主题进行拓展课的设计。

3. 以教材中的"你知道吗"为主题拓展。如图2-10所示，设置针对上面的"数根"，学生又是怎样理解的主题进行拓展。

图2-10 数学教材"你知道吗？"栏目

4. 以学生的问题进行拓展。以学生在学习过程中存在的问题为载体进行拓展，如表 2-3 所示。

表 2-3　学生在学习过程存在的问题及拓展内容

学生提出的问题	拓展内容
车轮为什么是圆形的？	设计图纸，动手制作，亲自实践正方形、三角形等形状的车轮
纸杯的展开图是梯形吗？	通过推理、猜想、验证等方式展开实践探究，并设计出纸杯展开图，制作纸杯
操场观众台能坐几人？	实际测量以及计算观众台人数
树叶的面积是多大？	实际测量并运用面积的知识解决树叶的面积
购物的学问有多大？	实际购物体验，借助购物小票研究购物中的学问

无论基础课程还是拓展课程都以课堂为主阵地，拓展课的开发一方面是撬动常态课，用拓展课的教学方式，以及学生的学习方式撬动教师的教学理念、教学方式，另一方面，常态课与拓展课又是相互补充和联系的，都直指核心——为创造者奠基。

（三）以研究课程为特色——个性化

在学校的验问课程体系下，努力并实践着三级课程：基础课程、拓展课程、研究课程。同样数学学科也在基础课程、拓展课程的基础上打造数学研究课程。

基于创造教育理念，满足学生的个性化需求，我们正在积极筹建主题式、项目式学习课程，激发学生的学习兴趣，促使其主动思考、关注生活、学以致用，让知识回归生活，让学生融入真实的社会生活，培养他们未来应对生活的能力，帮助他们树立正确的人生观、价值观和世界观。

1. 通过主题式项目来构建数学研究课程。"学源于思，思源于疑"，科学性思维均是基于问题，问题不仅是思维的出发点，同时也是思维的源头。与此同时，问题的解决也能给予学习者极大的成就感，进一步强化学习动机，并促进思维的发展。因此在主题式项目学习中，采用 PBL（Problem-Based Learning）教学模式，以问题为导向，引导学生通过交流探讨共同解决问题的过程来收获知识与技能。

2. 引入数学编程来完善数学研究课程。在工业社会向信息社会的转型阶段，人工智能等新技术不断涌现在我们的眼前，改变着我们的生活，而促使这些技术发展的就是人们的创新思维，创新推动着历史的进步和时代的发展，创新也成了这个时代最为迫切的需要。创新思维的培养，离不开发散思维的培养，所以在实验性课程中引入数学编程，通过编程创作的形式培养学生的创新意识、创新思维和创新能力，让学生的思维可视化。

综上可以看出，数学"Σ"课程体系是由基础课程、拓展课程、研究课程三大课程类型组成。其中基础课程是核心，在单元整体把握下使知识体系化，能力结构化；拓展课程是辅助，完善学生的认知结构，知识体系，同时提高学生的自主性，具有开放性、多元性；研究课程是特色，以学生的需求为中心。基础课程、拓展课程、研究课程形成了一个趋于合理的课程结构，既能使学生学好数学教材，又能提升学生运用知识、探究问题、动手实践的能力，还能满足学生的个性化发展需要。

中 篇

验问实践：数学『Σ』课程的教学探索

有了科学化、结构化的数学课程顶层设计，如何在课程实践的过程中有效落实课程设计便是需要解决的问题。课堂教学是学校课程改革的主阵地，为了更好地达成数学"Σ"课程的培养目标，学校数学教研组在课堂教学方面进行了大量的实践与探索。中篇将围绕数学活动经验、数学基本思想和数学创造力的培养问题，以数学、教育学和心理学理论为指导，以教学案例为依托，呈现学校数学"Σ"课程的教学实践经验。

第三章

调动操作和思考，积累数学活动经验

《义务教育数学课程标准（2011年版）》中明确指出，通过义务教育阶段的数学学习，学生能掌握发展所必需的数学的"基础知识、基本技能、基本思想、基本活动经验"，可见积累数学活动经验是学生数学学习的重要组成部分，是学生提高数学核心素养的重要基石。教师在课堂教学中有效地设计与组织数学实践活动，调动学生动手操作、积极思考，有利于帮助学生积累数学活动经验，从而培养学生的实践能力与创新能力。本章将从理论上回答什么是数学活动经验、为何以及如何帮助学生积累数学活动经验这三个基本问题，然后结合具体的教学案例来阐述实践中教师调动学生动手操作、积极思考，帮助学生积累数学活动经验的教学策略。

第一节 理论基础

一、何谓数学活动经验

数学活动经验是学生通过感受和体验获得的认识。张奠宙等人（2008）指出"数学基本经验，是指在数学目标的指引下，通过对具体事物进行实际操作、考察和思考，从感性向理性飞跃时所形成的认识"，强调数学活动经验的积累过程是学生主动探索的过程。孔凡哲（2009）认为"一个学科的基本活动经验，其实质在于围绕特定的课程教学目标，学生经历了与学科相关的各类基本活动之后，所留下的直接感受、体验和感悟。它是经验的一种，属于学习本学科课程过程中，学生与学习活动相互作用的结果。"郭玉峰、史宁中（2012）将数学活动经验理解为"感悟了归纳推理和演绎推理过程后积淀形成的数学思维模式"。王新民（2013）学者认为，数学活动经验是指学习者在亲历问题解决的过程中，通过尝试与反思，在思维方式与量化模式及其体验之间所建立的联系。虽然学者界定的数学活动经验具有多样化，但是共识是均强调数学活动经验是学生在经历活动后的感受与实践体验，是活动过程和结果相结合的产物。

  具体而言，数学活动经验包含哪些类型的经验？对此问题，学者们也做了较多的探讨。张奠宙等学者（2008）将数学活动经验分为四类：一是直接数学活动经验，直接联系日常生活经验的数学活动所获得的经验；二是间接数学活动经验，创设实际情景构建数学模型所获得的数学经验；三是专门设计的数学活动经验，由纯粹的数学活动所获得的经验；四是意境联结性数学活动经验，即通过实际情景意境的沟通，借助想象体验数学概念和数学思想的本质。王林（2011）按照行为的操作活动和思维的操作活动标准将数学活动经验分成行为操作的经验、探究的经验、数学思维的经验和综合运用数学知识进行问题解决的经验。郭玉峰、史宁中（2012）认为数学基本活动经验包括实践的经验和思维的经验。实践经验是指从外部世界抽象出数学，将形式化数学用于外部现实中获得的经验；思维的经验是指进行数学符号化过程中获得的经验。由于学者们对何谓经验、何谓数学活动经验的理解不同，以及分类标准不同，所以数学活动经验的类型划分呈现出多种观点。不管数学活动经验如何划分，我们都应该认识到数学活动经验不等同于数学知识以及数学能力，其具有问题性、操作性、思维性三大特征。

二、为什么要促进学生积累数学活动经验

  促进学生积累数学活动经验是数学课程实施的必然要求。《义务教育课程标准（2011年版）》提出要通过义务教育阶段的数学学习培养学生发展所必需的数学基本活动经验，且在"知识技能"层面的目标上明确提到"参与综合实践活动，积累综合运用数学知识、技能和方法等解决简单问题的数学活动经验"。因此，学生获得数学活动经验是数学课堂教学关注的重要目标之一。

  学生数学活动经验的获得是学生创新能力形成的重要条件。郭玉峰、史宁中学者认为："数学的发明和发现，需要借助归纳推理和演绎推理，

尤其是归纳推理。培养学生的创新能力，需要让学生经历这两种推理过程，尤其是归纳推理过程，从中积累经验，为学生将来的发明和发现奠定基础，这是数学基本活动经验提出的初衷。"学生在数学活动中感知、操作和思考，不断形成严谨的数学逻辑思维能力，从而有助于学生创新能力的提升。

数学活动经验的获得有助于学生掌握数学知识、领悟数学思想方法、实现情感态度的发展。首先，学生在获得数学活动经验的过程中，会获得与数学学习有关的生活经验，从而可以促进学生对有关数学知识的理解与掌握。其次，学生在数学学习活动中进行感知、操作和思维的过程，有助于促进学生更好地领悟数学思想。再次，数学活动经验的获得能加深学生对数学的理解，在理解的基础上能够激发学生的数学学习动机，从而能够更好地实现情感态度方面的目标。

三、如何在课堂教学中促进学生积累数学活动经验

（一）创设能激发学生主动参与数学活动的情境

学生的学习动机是影响学生学习的因素之一，有效的教学活动应能激发学生的学习需要。学生数学活动经验的获得是在数学活动中进行的，学生主动参与数学活动有助于学生积极投入活动中，从而能更好地感知和体悟。因此，教师应该创设易于激发学生主动参与数学活动的情境，刺激学生进行数学活动的需要。具体而言，可以创设"建立在学生已有经验上且具有一定熟悉性和新异性的活动情境"。

（二）设计能促使学生操作的具有挑战性的活动

学生获得数学活动经验的重要载体是数学活动，设计组织一个好的数学活动是促使学生积累数学活动经验的重要条件。根据维果斯基的最近发展区理论，教学应着眼于学生的最近发展区，为学生提供有难度的内容。因此，教师作为学生数学活动的开发者，需要结合具体的教学内容，精心设计能够促使每一位学生参与并且具有一定挑战性的活动，促使学生能够在活动中开展探究，培养学生的动手操作能力，积累综合运用数学知识、技能、方法等解决问题的数学活动经验。

（三）提出能调动学生积极思考的数学问题

思维是数学活动经验形成的内在条件，数学活动经验并不是通过一种简单的直观操作行为活动获得的，学生必须经历了数学思维活动才能够真正获得有益的数学活动经验。例如简单地让学生去触摸或者摆动一些物体，不进行比较、概括、抽象、推理等思维过程是不能积累数学活动经验的。因此，教师在课堂教学过程中不能只是简单地提出操作性问题，而忽视核心的数学问题的提出。提出的数学问题，应具有一定的挑战性和科学性，能够调动学生积极进行数学思考，促使学生"浅层次的数学活动经验"不断转化为"深层次的数学活动经验"。

第二节　典型案例分析

本节通过对8个典型的教学案例进行详细分析，具体地阐述教学实践中该如何调动学生的操作和思考，帮助学生积累丰富的数学活动经验。这些案例是以本章第一节数学活动经验培养的三大策略，即创设能激发学生主动参与数学活动的情境、设计能促使学生操作的具有挑战性的活动、提出能调动学生积极思考的数学问题策略为理论基础进行的设计，呈现了数学教师该如何创设情境、如何设计活动、如何提出问题的具体样态。

具体而言，本节首先是通过一年级的"神奇的数字"、一年级的"小蚂蚁的大麻烦"、五年级的"对称轴数量与对折"三个教学案例阐述了教师可联系生活实际、以故事为载体、以"纯数学化"内容为切入点创设有利于学生主动参与的情境。其次，通过呈现一年级的"数字天平"、五年级的"剪纸中的轴对称"、一年级的"火柴棒"三个教学案例，分别展示教师可以设置动手操作、观察想象、协作探究这三种不同的活动来帮助学生获得数学活动经验，从而培养学生的数感与符号意识，发展学生的空间观念以及培养学生的合作能力。最后，通过一年级的"比较：谁装的水多"、四年级的"我来摆一摆"这两个教学案例呈现教师可以通过设计开放性问题和设计问题串两种方式来调动学生的积极思考，培养学生的数学思维能力。

创设生活化情境，体会数学的应用之美
——以"神奇的数字"为例

一、活动背景

随着新课程改革的实施，情境导入已成为课堂教学的重要环节。依据建构主义的学习理论，学生的学习应从学生的已有经验出发。在数学教学中，充分联系学生的实际生活创设生活化情境，一方面可以调动学生的已有知识经验，另一方面可以让学生体会到数学在生活中的应用。基于此理念，我设计了"神奇的数字"这一教学案例。"神奇的数字"是拓展学生对数字的认识的教学活动，它基于生活中的数字情境，设计让学生寻找生活中的数字、创造数字画的活动，调动学生学习数字的兴趣和热情，让学生在参与活动过程中获得关于"数字的认识"的丰富的数学活动经验。

具体来说，"神奇的数字"这一主题是一年级学生在学习完第一单元"生活中的数"的基础上衍生出来的。在上小学之前，学生已经认识了数字、数，能在生活中找到数字的原型，能结合具体实物数出它们的数量，甚至能熟练地数出100以内的数。学生在学习中不禁会产生这样的问题：这些数字除学习数学、计算之外还有什么作用呢？数字源于哪里呢？数字的发展经历了一个什么样的过程呢？其实，这些表面看起来很枯燥的抽象出来的数学符号还蕴含着丰富的含义，如何扩展学生的认识，让学生在进入小学的第一阶段就对数字、数学充满兴趣是"神奇的数字"这一教学案例的着眼点。

二、活动目标

1. 结合已有的生活经验，通过"捉迷藏"的活动，寻找生活中的数字，体会数字代表的不同含义。

2. 经历用数字设计图画、用数字讲故事的活动，加深对数的认识。

3. 在活动过程中体会数学在生活中的应用价值，体会做数学实验的乐趣，培养探索与尝试的精神，积累数学实践活动的经验。

三、活动准备

1. 物品准备：各种物品（生活物品、学习物品等）、素描纸、彩笔、视频资料。

2. 知识经验准备：

（1）能读、认、写10以内的数；

（2）能用数表示生活中的一些事物，能用一一对应的方法解决简单的实际问题。

四、活动过程与设计意图

环节一：数字"捉迷藏"，加深对数的认识

1. 我们已经认识了0～9这10个数字，它们特别调皮，在跟你们玩捉迷藏的游戏，你能找到它们吗？

预设：

（1）我找到了数字5，我们组一共有5个小朋友；

（2）我找到了数字0，我的橡皮圆圆的，像数字0；

（3）我找到了数字8，老师的眼镜像数字8；

……

老师也带来了一些，你们快来找一找它们（见图3-1）！

图3-1　生活中的数学案例

2. 你们真是善于发现的孩子，找到了调皮的数字，我把数字1藏在了教室中，你能找到它吗？

3. 学生兴趣盎然地到处开始寻找数字1。

产生疑问：老师我没有找到您藏的1？（学生没有意识到要找的是数量是1的物品）

4. 揭示答案：你们看数字1就在这里（见图3-2）。

图 3-2　物品图

看到这些物品，你想说些什么？

预设：老师，您骗我们，其实您带来也是数量是 1 的物品。

疑问：最后一张图片中有许多彩笔，也不能用 1 表示呀？

讨论、解疑：如果说是 1 盒彩笔的话就可以用"1"表示了，这样的 1 盒彩笔中有许多根彩笔。

5. 你们说得真好，认真观察这四幅图片，你们还能发现什么？

6. 数字 1 真的很神奇，有时可以表示很大的一个物体，有时可以表示很小很小的物体，有时可以表示单纯的 1 个物品，有时还可以表示许许多多的 1 堆物品。

7. 布置活动任务：你再在生活中找一找这些神奇的数字吧！把你找到的数字与同桌交流一下。

【设计意图】 数学活动经验的培养需要创设情境。本环节将抽象的数学符号与生活中熟悉的情境建立联系，再现数的抽象过程。通过几幅图片的对比，让学生认识到"1"不仅可以表示一个东西，还可以表示一捆、一把、一筐、一顿等，从而认识到数字中所蕴含的更加丰富的知识。

环节二：寻找数字原型，丰富对数的认识

1. 生活中除了能找到 0～9，还有很多的物品和 0～9 这 10 个数字长得非常像，你能找到它们吗？

预设：

（1）我的手镯可以用数字 0 来表示；

（2）麦当劳的标志横着看就是数字 3；

（3）鸭子像数字 2；

……

2. 欣赏生活中的数字：说一说它们都像数字几（见图3-3）？

图3-3　生活中的数字

3. 把你找到的数字画下来，也可以创作一个像数字的生活物品。
4. 四人为一个小组，欣赏同伴的作品，说说你的发现。
5. 全班展示。

【设计意图】　本环节创设了很多易于学生参与的熟悉的生活经验情境，每一种情境几乎所有学生都能参与数学活动。从身边的生活入手寻找生活中的数字原型，在画数字、创作的过程中，认识数字的多种用途，感受到表面看起来很枯燥的抽象出来的数字其实在装扮着我们的生活，体会这些数字的实用价值。

环节三：创作数字画，拓展兴趣

1. 欣赏小朋友们的作品，看到这些作品，你想说些什么（见图3-4）？

预设：

（1）在这些作品里可以看到很多的数字，这些数字变成了许多小动物，它们在高兴地郊游；

（2）他们把数字变成了小朋友，这些数字小朋友在高兴地玩游戏；

（3）我发现原来我们住的楼房的房顶也像数字；

（4）我们可以用数字设计出许多的游乐设施；

（5）这些小朋友真有创意，他们用数字进行创作；

……

 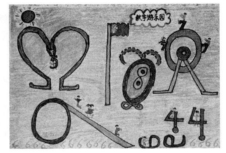

图 3-4 学生的作品

2. 我们赋予了数字生命之后，它们就会变成小动物、小朋友，成为我们的好伙伴，跟我们一起讲述一个个神奇的故事，你和你的数字朋友发生了什么故事呢？把你创作的故事记录在画纸上。

3. 学生独立创作。提出要求：

（1）用数字设计一幅作品；

（2）尝试用完整的语言描述一下作品的内容。

4. 展示作品（见图 3-5）。想一想在你的作品中数字朋友发生了哪些故事，组织好语言讲给大家听。

预设：

（1）讲故事。作品①中数字小朋友来到游乐园，它们两个人一组做跷跷板。2 比 1 大所以 2 胜利了；4 比 3 大，4 胜利了。5 和 6 在猜测谁会获胜，7 和 8 又是谁胜利呢？没有人跟 9 一组，它特别伤心。

（2）提问：9 那么伤心，你能安慰它一下吗？游乐园中还有其他娱乐项目，它们还会发生什么有趣的故事呢？

（3）猜测故事：作品④中的数字小朋友发生了什么故事？你能猜测一下吗？

作品① 作品②

作品③ 作品④

图 3-5 学生的作品

5. 评价。你觉得这些作品、同学们分享的故事有什么值得你学习的地方？

预设：

（1）同学讲的故事很生动，用到了数学知识；

（2）同学们设计的数字小朋友表情丰富，每个数字形象都有各自的特点；

（3）都很有创意；

……

6. 全班参观。把学生的作品全部张贴在教室的四周，全体学生下座位参观作品。

【设计意图】 在欣赏和引发更多思考的基础上学生将数学知识、生活经历等融入其中独立创作数字画，从数字的角度诠释了学生对于数学、世界的认识，在分享的过程中不仅锻炼了表达能力，也培养了学生审美的意识。

环节四：追根溯源，激发继续学习的热情

1. 关于数字你还有哪些疑问或者想要研究的问题？

预设：

（1）为什么叫"阿拉伯"数字？不叫其他的名字？

（2）数字有什么样的历史，它在遥远的古代就是长这个样子吗？

（3）古代的人们用什么样的方法数数？

……

2. 同学们真是善于思考，你们提出的问题都具有研究的价值。接下来的短片可以解答你们提出的部分疑问。

观看视频片《数字的起源》。

3. 结束语。虽然"神奇的数字"这一主题的实验课结束了，我希望你们研究的热情没有结束，在数学的世界中有无穷无尽的奥秘等着你们去研究！

【设计意图】 学生在经历数学活动过程后，已经加深了对数字的认识。在此基础上，设置让学生主动提出探究问题的环节，提升学生提出问题的能力，并且有助于学生进一步将所获得的数学活动经验巩固化。

五、活动建议

1. 给学生充分的时间去完成数字画的设计以及绘制，可以用一节课，也可以是一个星期。

2. 在分享交流的过程中，重在引导学生用数学的语言讲述图画中的故事。

3. 学生第一次经历这样的创作，先让学生说说设计思路，在绘制初稿的过程中我们要在肯定优点的基础上提出具体的修改建议。

4. 学生表达、想象以及创作能力的提升需要一个长期的过程，一年级的孩子比较小，他们的创作可能比较幼稚，老师要以鼓励为主。也可以让他们在参考优秀作品的基础上绘制自己的数字画，重在鼓励学生勇敢地表达。

六、教师反思

在实际的教学中我发现数字对于学生而言一点也不陌生，无论让他们找生活中的数还是写数，他们都不存在问题，然而有些话题或者活动根本无法调动他们的积极性。一年级学生刚刚进入小学，绝对不能让他们在与数学第一面的时候就产生数学很枯燥的想法，怎么能让他们对数学的学习感兴趣，让这种兴趣一直延续到六年级甚至初中、高中的学习中，是我一直思考的问题。结合一年级学生爱绘画、勇于表达的特点，我设计了这个主题活动。

围绕这个主题，我主要设计了两大活动，一是寻找生活中的数字原型，二是创造数字画。联系学生已有的生活经验创设情境，让学生积极主动参与到数学活动中去。学生在参与活动过程中，对于抽象的数字有了更加深刻的认识，同时给抽象的数字赋予了很多鲜活的形象。观看他们的作品，一个个生动的故事展现在我的眼前，有的以数学知识为载体，有的是孩子对世界的认识，有的体现了乐于助人、团结合作等优秀品质，从作品出可以看出学生对于数学的认识、对于世界的认识。同时这样的活动也促进了学生更多的思考，学生提出了许多与数字有关的疑问，激发了他们继续研究的热情，也从多种角度促进了他们的思维发展，促进他们积累了关于数字的认识的丰富的活动经验。

七、点评

数学中的概念是数学知识的重要组成部分，数学概念的建立先是直观形象后的一种抽象、概括的表达。小学数学在数学概念培养策略，即在生活中寻找数学原型，并合理引入数学概念，通过直观教学方式，促进学生数学概念的建立。任课教师先是创设了生活情境，让学生找到数的生活原型，关键讨论了对"1"的理解，逐步抽象出数的这一过程，然后提供多样化的数学活动，用数字故事的形式，与美术、语文等多学科进行融合，学生在参与活动过程中促进了数学表达能力、思维能力，并且感受到数学在生活中的应用。学生关于数字概念的认识正是在经历了多样化的数学活动、积累了数学活动经验的过程中不断深入的，学生在丰富的数学活动中感悟、理解了概念。

创设故事化情境，激发学生的数学学习兴趣

——以"小蚂蚁的大麻烦"为例

一、活动背景

学生积极主动参与一个活动是建立在学生对这个活动感兴趣的前提下。低年级的学生容易被有趣、好玩的事物吸引，根据数学问题创设故事化的情境，能够迅速抓住他们的眼球，引起他们对数学问题的兴趣，从而

促使他们在故事的引领下解决数学问题，积累数学活动经验。鉴于此，我根据一年级学生的知识基础和思维水平设计了"小蚂蚁的大麻烦"这一数学活动，以"小蚂蚁搬家遇见的麻烦"故事为载体，安排事先估数的学习内容，让学生在"猜豆子"的数学活动中，经历不同的估豆子的方法，获得真实的"估数"体验，在动手操作中学习估数的方法，提升估计的能力，发展数感。

具体来说，"小蚂蚁的大麻烦"这一数学实验课活动主题是学生在学习一年级下册"数豆子"的基础上衍生出来的，学生后续还将学习数数、拨数、写数等技能。教参中建议将估数作为引入活动，在这个过程中渗透估计的策略，发展学生的估计意识。但是，对于一年级的学生来说，将估计仅仅作为一个引入活动，真的能够达到目标要求吗？通过对学生的学习经验进行梳理，发现学生掌握更多的是数数方法，本节课是第一次出现"估"的要求，学生和老师都存在一些困惑。学生困惑：明明能准确计算，为什么要估？什么是估呢？老师困惑：学生的估算意识薄弱如何解决？为什么学生不选择估呢？即使被迫估了，对于结果很难认同怎么办？等等。因此，基于学生和教师的双重困惑设计了这节课。

二、活动目标

1. 经历猜豆子的过程，体会没有依据的猜和有依据的估之间的差距。

2. 通过对比前后估的结果，让学生实际感受到有依据的估的重要性和准确性。

3. 在真实的数学活动体验过程中，让学生产生估的需求，培养估的意识，通过实际动手操作，掌握估的方法，提升学生估数的能力，发展学生的数感。

三、活动准备

1. 物品准备：课件（PPT），每人一杯黄豆（见图 3-6）。

2. 知识经验准备：

（1）了解小蚂蚁目前所处的困境以及所遇到的困难；

（2）想办法解决小蚂蚁的困难；

（3）能够选择恰当的方法估计杯中黄豆的大致数量。

图 3-6 黄豆

四、活动过程及设计意图

环节一：出示情景，聚焦问题

1. 出示小蚂蚁搬家的图片（见图3-7），引入情景故事。小蚂蚁在做什么？今天小蚂蚁遇到了一个大麻烦。

图3-7　小蚂蚁的大麻烦

预设：小蚂蚁在搬家，但是今天它却遇到了一个大麻烦。学生关注图片后，产生兴趣，蚂蚁会遇到什么样的麻烦呢？

2. 如果你是小蚂蚁，你会怎么办呢（见图3-8）？

图3-8　小蚂蚁的故事情境

预设：

（1）找其他小蚂蚁帮忙；

（2）自己借助工具多搬几次。

3. 提出问题：那到底要找多少只蚂蚁帮忙呢？引导学生聚焦到豆子的数量上。请同学们思考一下怎样才能知道蚂蚁家有多少豆子呢？咱们可以怎样做呢？

预设：

（1）不同方法的数：一颗一颗数、5颗5颗数，10颗10颗数等。

（2）不数，估计黄豆大致的数量。

4. 思考讨论：

（1）"估"是什么意思？你们是怎么理解"估"的？

（2）全班讨论究竟为什么不需要数了？激发学生产生估的需求。

（3）蚂蚁家的黄豆在杯子里，你觉得有多少？

（4）为什么觉得有这么多？（凭感觉，不准）

（5）每个人得到的结果都不一样，你有什么想说的吗？

预设：

（1）疑问：杯子中的数量到底是多少？

（2）为什么他们觉得的数量都不一样？

【设计意图】 根据课堂教学中学生产生的问题衍生出实验活动"小蚂蚁的大麻烦"，设计"估豆子"这一贴近生活的数学活动。面对这样的问题，鼓励学生在解决问题的过程中学习估的方法，体会估的重要性和准确性。因为在课堂教学中学生已经掌握了不同的数数方法，得到一杯豆子后，根据之前的学习经验学生立马想到数出准确的数量，忽略了所处情境，没有产生强烈的估的兴趣。因此特别创设了一个故事情景，让学生进入情景内，在活动中通过讨论交流、动手操作产生活动体验，对比前后数据的差距，感受到有依据的估的准确性和价值性，初步产生估的意识。

环节二：动手操作，探索估的方法

教师：仔细观察一下同学们猜的结果，大家得出来的数量都不太一样，你有什么感受？

学生：差太多，不确定，不准确。

教师：请你独立思考一下，怎样才能让我们猜的结果更准确一些呢？有想法的同学可以用你手中的工具和黄豆开始动手试一试了。

遇到困难的同学，请你举手示意老师，我会走过去帮忙。

学生：（学生自主探究）在交流中发现有依据的估会相对准确地得出杯子中黄豆的数量。

汇报：（展示数的方法）针对目前还在数的同学的方法，你还有什么想说的？

（1）同样采取数这一方法的同学，最终得到的结果一样吗？

（2）为什么现在还在数？不是选择估计目前的数量？

教师：（再次聚焦讨论）根据目前小蚂蚁的情况，用数的方法还合适吗？

再想一想，你还有别的方法知道家中黄豆的数量大约是多少吗？

学生：自己动手再次探究估的方法。

教师：同学们都有了自己的估的方法，这一次操作结束后，你能说说你觉得现在杯子中的黄豆数量是多少了吗？

教师追问：（展示方法）针对展示的同学谁有疑问或者补充？

预设：

（1）分层：先精确数出一层的个数，后续参照第一层的数量；

（2）按面积：将杯中的黄豆平摊开，分成相同大小的面积，数出其中一份的数量；

（3）分堆：把豆子平均分成大小差不多的堆，数出其中一堆；

（4）数出一把的数量，后面看杯子中的豆子可以有几把。

教师追问：你觉得哪一步操作比较关键？

预设：

（1）第一层数出来的数量；

（2）第一堆面积的数量；

（3）第一把的数量。

引导学生关注估的标准，如图3-9所示。

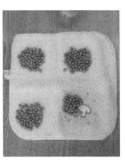

图3-9 学生的操作示例

【设计意图】 通过两次思考、交流和动手操作，全班学生都发现要根据问题情境选择解决问题的方法。这次活动经验使学生意识到，遇到问题不能完全套用之前学习的经验和方法，需要根据情境，尝试运用"有依据的估"的方法，来推断杯子中黄豆的数量，通过将一杯中的黄豆，按照分堆或者分层等手段，学会有依据的估的方法，得到杯子中黄豆的数量。在这个活动中，学生经历了问题解决的过程，在感受到成功的喜悦之后又激发了再次研究的兴趣，同时发现借助标准进行估计后，能够让原本不"确定"的估变得"确定"。通过分析前后两次估的差异，总结方法，这样的学习活动促进了学生批判质疑、反思能力的发展。

环节三：总结估的方法，接纳估的结果

1. 回顾两次估的方法，对比这两次估的结果，你有什么想说的吗？
2. 现在的结果为什么和之前的结果产生差异呢？

观察前后两次估的结果寻找原因，如图3-10所示。

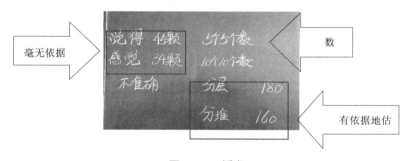

图 3-10 板书

预设：之前是瞎猜的，现在有标准后，能够数一数之后再估，更加准确。

3. 现在我们知道了黄豆的数量，准备去叫小蚂蚁，你觉得找来多少只合适呢？

小蚂蚁按照大家的想法，叫来了比200只还多一些的小蚂蚁，你看看现在发生了什么（见图3-11）？

4. 小蚂蚁要不要搬走这4颗黄豆呢？为什么不搬了（见图3-12）？

【设计意图】 通过两次"估计"的活动体验，学生真切地感受到凭感觉估

图 3-11 小蚂蚁的故事情境

和有依据的估带来的差距，体会到估并不是凭空随意的猜想，需要遵循一定的依据和标准，在一定的合理范围内完成。但学生在对估的结果进行前后对比分析时，仍然会存在疑惑，即估会存在估的数量不一样的情况。面对学生切实存在的认知冲突，增加"剩余4颗黄豆"的问题情境，引导

图 3-12　小蚂蚁的故事情境

学生讨论是否需要将剩下的豆子继续运完，既增加了学习的趣味，让前后的情境更加完整，同时让学生体会到估的相对不准确性、合理范围内的误差可以被接受。

板书设计如图 3-13 所示。

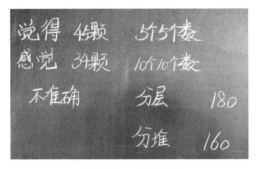

图 3-13　板书设计

五、活动建议

1. 独立完成任务，思考怎样才能准确知道蚂蚁家中黄豆的数量。

2. 通过自主探究的方法，重点解决学生仍然借助已有经验继续在数而忽略情境的情况，引导学生关注情境，激发估的意识并尝试其他解决问题的方法。

3. 展现采用不同方法的操作过程，鼓励学生提出问题，在全班范围内展开交流，探寻造成这一现象的根源。

4. 以全班为交流单位，回顾过程，继续展示仍然遗留下的 4 颗黄豆，让学生从心里接纳自己估的结果，即合理误差内的估算结果具有其特定意义。

六、教师反思

本主题活动是在梳理学生和老师存在的双重困惑的基础上设计出来的一节课，引导学生在"估豆子"的数学活动中，通过动手操作、亲身体验，更加系统地将估数方法的相关知识纳入自己的知识结构中，同时建立了估和实际值之间的联系，感受估的价值和意义，发展学生的数感。

在课堂上，我逐步引导学生意识到，在开始探究之前首先需要关注情境，有时候并不能完全照搬以前的学习经验，需要打破思维定式。通过梳理整堂课学生学习的过程，发现学生的思维轨迹发生了变化，如图 3-14 所示。

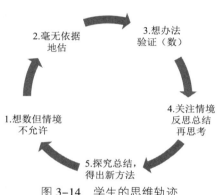

图 3-14　学生的思维轨迹

学生从想数但情境不允许，经过毫无依据的估，到通过数的方式验证，再到关注情境反思总结再思考，最后得出恰当合适的方法，在学习上形成了一个完整的闭合圈。在经历完整的数学活动探索后，学生最终能够初步掌握估的策略和方法，达到了预先设想的教学目标。在进行教学活动设计时，充分尊重学生已有的知识经验和认知水平，给予学生充分体验、探索的时间和空间，让学生在丰富的数学活动中积累经验，体会估的意义，发展数感，提升质疑、沟通、反思等素养。

七、点评

本节课在情境的选取上费了一番功夫，因为只有情境选择得恰当，学生才能感受到由数到估的必要性，以及估的意义与价值。本主题从教师和学生的真实困惑出发，聚焦于学生在学习过程中产生的认知冲突，将这样的问题作为数学实验课的活动主题，以故事的形式呈现问题，增加了学生学习的兴趣和主动性，促进学生能够产生更多的思考。

从教学设计上看，情境故事让学生意识到当前情境不能数而要估，这是学生要面对的一个冲突点；接着在凭感觉估与有根据的估的对比中，学生面临着更大的挑战，到底怎么估？再到最后"剩下的 4 颗黄豆呢，搬不搬？"这是认识水平的又一次提升。问题一个紧接着一个出现，挑战一步步升级,学生的思维也跟着一步步被打开。但是教师一个问题对应一个活动,在不断的动手操作、活动体验中,让学生对估的认识逐渐清晰。

在活动过程中,学生面对自己提出的问题,经历解决问题的过程,从猜想到验证、从质疑到发现、从一个问题到另一个相关新问题的产生,这些都从多种角度促进了学生的思维发展。

创设"纯数学化"情境,培养学生的逻辑思维能力
——以"对称轴数量与对折"为例

一、活动背景

教师越来越意识到情境创设在课堂教学中的重要性,但是实践中教师容易陷入一种误区:创设的情境必须是生活化或者是故事化的,必须是生动有趣的。其实并不然,教学实践中的每一节课不是非要用生活化的情境,情境可以来源于数学本身。在高年级段,基于学生的数学问题创设"纯数学化"情境也可以诱发学生数学思维的积极性,促使学生有效地参与数学活动,积累数学活动经验。基于此理念,设计了"对称轴数量与对折"这节淡化了生活情境、直接突出数学情境的课。"对称轴数量与对折"是一节以学生上节课提出的数学问题为切入点,让学生提出猜想、验证猜想的数学活动课,让学生体验提出数学问题—分析数学问题—解决数学问题的数学思维过程,积累学生的数学经验。

具体来说,"对称轴数量与对折"这一数学实验课活动主题是五年级学生在学习完第二单元"轴对称图形再认识"之后衍生出来的。学生在第一学段通过对折等操作活动,已对轴对称图形有了初步认识,四年级时又研究了三角形、平行四边形等图形的特征。本单元就以平行四边形为反例,了解到一个图形对折后能够完全重叠,这个图形才是轴对称图形,折痕所在的直线就是对称轴,加深了对轴对称图形的认识,引发了学生对对称轴数量是否与对折有联系的猜想,由此设计了本节实验课。

二、活动目标

1. 加深学生对轴对称图形特点的理解,培养学生提出问题的能力。

2. 通过主动探究、动手操作，理解图形的对称轴与连续对折之间的联系，积累数学活动经验。

3. 能从轴对称的角度欣赏生活中的图案，感受图形的对称美，认识数学的应用价值。

三、活动准备

1. 物品准备：数学作业纸、剪刀。

2. 知识经验准备：

（1）会找一个图形的对称轴；

（2）了解长方形、正方形、等边三角形等基本图形的特征。

四、活动过程与设计意图

环节一：验证学生课前提出的猜想

1. 还记得×××同学上节课提到的问题：是否一个图形有几条对称轴就能连续对折几次？这节课咱们就来研究研究同学们自己提出的问题。拿出一张数学作业纸，你可以画一画，剪一剪，自己取材来验证这个猜想。（5分钟时间）

2. 四人为一个小组，把你的想法说给同伴听一听，要讲清楚自己的想法，要听明白其他同学的想法，看看对你有什么启发。

3. 全班交流。谁愿意分享自己的想法？

一边演示一边说。

预设：

（1）我是用最常见的长方形与正方形验证的。长方形有两条对称轴，可以连续对折2次，正方形有四条对称轴，可以连续对折4次（见图3-15）。所以我觉得这个猜想是正确的。

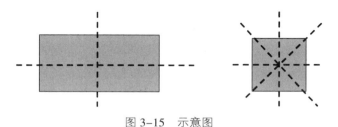

图3-15 示意图

（2）我是用圆形验证的。圆有无数条对称轴，所以我想验证它能不能连续对折无数次。我发现，我只能连续对折六次就折不了了，对折不了无数次，所以我认为这个猜想不正确。

追问：圆真的不能连续对折无数次吗？其他同学有什么想法？

学生：圆是可以一直对折下去的，只是在对折之后，纸的厚度变厚了，所以折不了了，如果我们假设一下，纸很薄很大，实际是可以一直对折下去的。

对于圆，我们要利用极限思想去考虑问题。

（3）我是用等边三角形验证的。等边三角形有三条对称轴，但是通过实验，我发现它不能连续对折三次，所以我们推翻了这个猜想（见图3-16）。

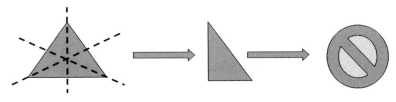

图3-16　示意图

4. 有同学推翻了这个猜想，那对于×××同学提出的这个猜想你有什么发现？

预设：

（1）猜想不对，因为这个猜想被推翻了；

（2）提出的猜想可能是对的也可能是错的。即使是错的也可能是一个好的猜想。

5. 没错，好的猜想能够引起大家的思考，提出猜想这件事没有对与错，能让大家思考的猜想、合理的猜想就是一个好猜想！

小结：看来我们想证明一个猜想是否成立，举几个例子并不能说明这个猜想是正确的，但是要想推翻这个猜想只需要一个反例即可。

【设计意图】　根据课堂教学中学生产生的问题而衍生出本课，面对这样的"纯数学化"的问题情境，鼓励学生在想办法验证的同时体会问题解决的过程。因为学生已经了解了一些基本图形的特征以及判断一个图形是否是轴对称图形的方法，因此学生在验证此猜想时很容易通过画一画、折一折就能够得到验证结果。在这里验证结果不是最重要的，让学生体验到猜想验证的学习过程才是重要的，要鼓励学生敢于提出猜想，深入思考问题并解决问题。

环节二：在猜想中提出新的猜想

1. 验证完这个猜想，你有什么其他想法吗？

预设：刚才在验证一个图形有几条对称轴就能连续对折几次时我们组交流时有了一个新的猜想——是否一个图形能连续对折几次就有几条对称轴呢？虽然推翻了上一个猜想，但是把上一个猜想反过来我们觉得很有可能成立。

2. 这组同学很会思考。如果把上一个猜想反过来是否就成立了呢？我们再一起验证这个新猜想：一个图形能连续对折几次就有几条对称轴。请利用数学作业纸，画一画，剪一剪，自己取材来验证这个猜想。

给 5 分钟时间，让学生进行思考与独立验证，之后进行全班交流。

预设：同样用长方形和正方形就能说明。长方形和正方形都能无限对折，但是长方形只有两条对称轴，正方形只有四条对称轴（见图 3-17），所以这个猜想是不成立的。

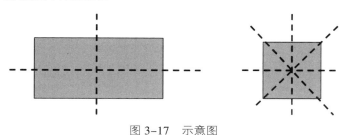

图 3-17　示意图

【设计意图】经过第一轮的猜想验证的学习活动，学生思维打开，能够从不同角度进行思考并提出新猜想，即猜想—验证—新猜想—再验证的学习过程，整堂课都是由学生自主进行问和验，学生已经有了验问的意识，一系列的验问过程使深度学习发生，并从中发展合作交流、问题解决的核心素养。

环节三：鼓励提出新猜想

在验证猜想的时候同学们又提出了新的猜想，这种勇于提问的精神值得我们学习与传承。关于轴对称图形你还有什么新的猜想吗？将你的想法写在数学作业纸上，下节课我们再进行分享与探究。

预设：是不是一个图形的边数越多，对称轴越多？

……

【设计意图】 利用学生的猜想完成了本堂实验课,由此可见学生的一个猜想或一个问题是多么重要。在探究了其他同学的猜想之后,希望能引起学生想要探究自己提出的猜想的欲望,所以最后鼓励学生提出新的猜想,深入思考产生新的问题,这个思考的过程才是学生必须经历的。鼓励学生细心观察、有据分析、大胆猜想、严谨验证。

五、活动建议

1. 独立完成任务,想办法验证猜想。

2. 四人为一小组,在各自验证完猜想之后进行想法交流,产生思维的碰撞。

3. 全班交流时,学生边操作边讲解,其他人提出补充或质疑。

在探究一个图形有几条对称轴是否就能连续对折几次的过程中,丰富学生对轴对称图形特征的认知,鼓励学生勇于提问,培养学生发现并提出问题的能力。

六、教师反思

本节课活动是学生在学习了课内关于轴对称图形的再认识的知识之后,根据学生自发想到的相关问题衍生出来的,是对图形的对称轴与对折之间的联系的进一步深化。在解决问题的过程中帮助学生更加深入地了解在连续对折的过程中,不是每一条折痕所在的直线就是图形的对称轴,以及对称轴对于某些图形来说是不能连续对折的,建立了图形的对称轴数量与对折之间的联系。

本节课的问题真实地来自学生自发提出的一个猜想,是学生在学习过程中产生的思考,因此将这样的猜想作为数学实验课的活动主题,学生兴趣盎然,同时这样的活动也促进了学生更多的思考以及对课内学习内容更深入的探究兴趣。整个活动中,学生面对自己提出的猜想,经历验证的过程,从猜想到验证、从质疑到发现、从旧猜想到新猜想再验证,从多种角度促进了学生的思维发展,使深度学习发生。

需要指出的是,发现、提出问题的过程不是一蹴而就的,在今后的教学中还要持续关注这一过程,需要将发现、提出问题作为一个常态的事来完成,给学生创造更大的空间,鼓励他们自主发现和提出问题,并利用数学实验课进一步研究解决这些问题,让学生的学习发展到最大化,加深对数学知识的理解,激发学生的学习兴趣。

本节课活动的目的不是让学生掌握多少知识，记住什么规律与联系，而是要让学生体会到，在学习过程中，深入思考、敢于发问、严谨探究才是最重要的。"问"是学生在学习中最宝贵的活动，有所疑才能有所思，有所思才能有所悟。可见，知识的积累是一个不断质疑又证疑的过程。调动学生思维的主动性，学生才能因疑而发问，从而使学习过程始终沿着"问—验—再问—再验"的思维轨迹螺旋式上升。

七、点评

本节课是基于学生自发提出的、在学习过程中产生的真实问题来设计的。从环节一可以看出，教师创设了"纯数学化"的问题情境，是可以在教学中激发学生的学习兴趣，调动学生的积极性，提高学生的学习效率，启发学生思维的。猜想对学生创造性思维的发展有着十分重要的作用，因此，教学中经常鼓励学生去尝试猜想，从而培养学生的探索精神。

数学活动教学的重要价值并不是体现在单纯地为活动而活动，它更多的是借助于数学活动，让学生在动手操作过程中发现、思考以及再创造数学知识，领悟重要的数学思想，形成重要的数学逻辑推理能力。本节课围绕是否一个图形有几条对称轴就能连续对折几次这一猜想，从最常见的长正方形入手进行研究，逐渐扩充到三角形、圆等图形，在验证的过程中，学生又提出新的猜想——是不是一个图形的边数越多，对称轴越多？整个过程就像老师反思中提到的一样，学生不断地深入思考，敢于发问，严谨探究，对对称图形的研究逐渐深入几何特征的观察与思考中，从而积累丰富的数学活动经验。

设置动手操作活动，培养学生的数感与符号意识
——以"数字天平"为例

一、活动背景

依据皮亚杰的认知发展理论，小学低年级的学生的认知发展主要处于具体运算阶段，如何引导学生的形象思维过渡到抽象思维是教师教学关注的重要话题。在数学教学实践中，常常通过设计动手操作活动，将数学知识与实际操作结合在一起，让学生在动手操作过程中理解抽象的数学知识，发展学生的数学思维能力。"数字天平"是一节引导学生动手操作

天平，在操作中理解数学符号的意义，领悟等式守恒的数学思想的活动课。借助"数字天平"这一活动载体，结合一年级的认知思维特点设计探究活动，让学生经历符号化、数学化的思维过程，积累学生的数学活动经验。

具体而言，"数字天平"是围绕数学教具——数字天平进行的活动内容，是一年级学生在能够初步感受数所具有的大小或相等关系，能够进行简单的加法运算的基础上开展的。活动中，学生通过在数字天平两边悬挂重力片观察天平状态，感受天平两边数的大小或相等关系。通过数字天平平衡与否的状态将抽象的数的关系直观化、形象化，促进了学生对抽象的数的理解。

二、活动目标

1. 借助数字天平，通过观察、尝试、创作等实验活动，理解等号可以表示左右相等的关系，初步建立平衡观念，渗透等式守恒的思想。

2. 通过记录平衡活动，经历符号化、数学化的思维过程，初步发展代数思维。

3. 进一步积累数学实验活动的经验，体会做数学实验的乐趣，培养探索与尝试的精神。

三、活动准备

教具：数字天平。

四、活动过程与设计意图

环节一：操作天平，建立平衡概念

（一）动手尝试，初步感受平衡

1. 尝试制造平衡：你们那里有 3 块相同的重量板。先用 2 块，要求左边放 1 块，右边也放 1 块，制造出一个平衡。看看数字天平，想一想，这两块重量板挂在什么位置就平衡了呢？

2. 学生尝试。

预设：学生将手中的两块重量板分别挂在天平两边（见图 3-18）。

3. 用两块重量板我们可以创造出这么多的平衡状态，观察一下这些状况，你有什么发现吗？

4. 正像你说的这样，只要我们保证这两块重量板分别挂在两边相同的数的位置，天平就能够平衡了。

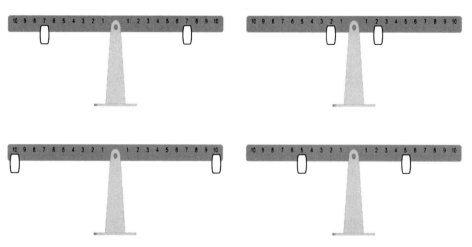

图 3-18 天平示意图

（二）尝试记录平衡

1. 同学们，你有办法把刚才我们用两块重量板创造出的平衡现象记录下来吗？可以试着画一画或者写一写。

2. 看看同学们的记录方式（见图 3-19），你能看懂吗？你喜欢哪种方式的记录呢？

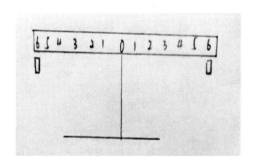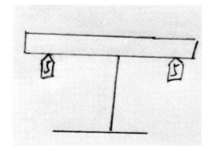

图 3-19 学生示例图

3. 通过交流我们发现，"3=3" 的记录方式非常简单，"=" 的使用特别巧妙，让我们可以清楚地看到天平平衡的状态。

（三）操作体验，构建不同等式

1. 刚才我们用两块重量板初步感受了平衡的现象，而且还找到了简单清楚地记录平衡状态的方法。如果多给你一些重力板你还能像刚才这样创造出平衡的状态吗？请你试一试。

2. 汇报。

（1）4块重量板。

预设第一类：天平每边分别挂两块重量板（见图3-20）。

a. 挂在相同的数字上　　　　　　　　　　b. 挂在不同的数字上

图3-20　天平示意图

追问：你是怎么想的？

预设：

a. 每边挂一块重量板时就挂在相同的数字上，天平就平衡了，现在每边挂两块重量板，只要挂在相同的数字上，天平肯定也能平衡。

b. 如果两边挂的数的和相等，天平就能平衡，3+6=1+8，它们的和都是9，所以天平也能平衡。

老师小结：同学们真会思考，不仅发现了只要保证两边数一样天平就能平衡，还进行了大胆尝试，看看是不是两边的和一样就能使天平平衡。

预设第二类：天平两边分别挂一块重量板和三块重量板（见图3-21）。

a. 挂在不同的数字上　　　　　　　　　　b. 挂在同一数字上

图3-21　天平示意图

追问：你是怎么想的？

预设：只要天平两边的数的和一样天平就能够平衡。

老师小结：同学们，你们真了不起，大胆地进行了新的尝试，这样的尝试也让我们看到，也可以在两边挂不同数量的重力板，只要保证得数一样就可以使天平平衡。

（2）3个重量板。

预设：如图3-22所示。

图 3-22　天平示意图

【设计意图】 借助数字天平的教具，在玩的过程中，通过观察、尝试、创作等实验活动，理解等号可以表示左右相等的关系，初步建立平衡观念，渗透等式守恒的思想。同时，通过对数字天平平衡状态的记录感受符号的简洁，体会用符号记录的必要性，培养符号意识，并在符号化的过程中初步发展代数思维。

环节二：结合玩数字天平的过程，发现问题并尝试提出新的问题或现象

1. 同学们，观察一下我们用 2～4 块重力板创造出的这些天平平衡的现象，你有什么发现呢？

2. 其实只要我们能够确保天平两边的数的和相等，这个天平就可以平衡，与我们所用的重力板的块数和两边挂的块数无关。

3. 通过刚才我们玩数字天平，大家都创造出了很多种天平平衡的情况，现在你还有想要继续研究的问题吗？

预设：

（1）用更多的重量板还能像这样创造出平衡现象吗？

（2）如果是减法的话，也能有这样的平衡吗？

【设计意图】 通过学生亲身动手尝试的活动，鼓励学生在实践活动的基础上进行对比性观察，综合思考，寻找各种方法之间的共性，挖掘数学的本质，促进学生数学活动经验的积累。同时结合玩数字天平的过程，引导学生发现并提出问题，进而再次思考验证，培养学生批判质疑、勇于实践的素养。

环节三：拓展提升，直观到抽象

1. 如果我们左边挂 9，右边挂 4，天平肯定是不平衡的。现在再给你们两块重量板，要求左边放一块，右边放一块，怎么摆天平就会平衡呢？

若我们用 9+▲＝■+4 这样的一个等式表示出来，▲ 和 ■ 可能是多少呢？请你试着填写表 3-1。

表 3-1　等式填写表

▲							
■							

2. 根据以上信息，你有什么发现？

预设：

（1）三角形增加 1，正方形也增加 1；

（2）9+▲的和与■+4 的和一样；

（3）三角形总是比正方形少 5；

（4）三角形比正方形少 5 是因为 9 比 4 大 5。

3. 同学们，你们的发现都非常有创意。而且三角形与正方形所代表的数我们永远也写不完，有无数种答案呢。数字天平里的数学知识可真不少，我们边玩边发现了许多，希望你也能做一个有心的同学，不断地去发现生活中的数学秘密。

【设计意图】 设计三角形与正方形拓展的活动，让学生在补充等式的过程中，进一步体会等式的含义。学生通过深入观察，感受等式之间存在的巧妙关系，提升了数学思维能力，对数学等号的认识和理解逐渐由直观走向抽象。

五、活动建议

1. 在进行数字天平活动操作之前，建议让学生先来想一想怎样才能让数字天平平衡，为学生搭设由猜想到验证的活动空间。

2. 在设计天平平衡状态时，鼓励学生大胆创新，设计出与众不同的情况。

3. 注重交流学生的想法，鼓励他们把内心的真实想法表达出来。

六、教师反思

"数字天平"这节课借助了学生喜欢的数字天平学具，给学生创造了充分的动手操作空间，在操作学具的过程中激发了学生的学习兴趣。整节课以真实地操作学具为开端，让学生在真切地看到天平平衡的基础上初步理解相等的含义，并通过动手记录的环节，理解符号的意义，体会符号记录的简洁，从而培养学生的符号意识。

直观的操作为抽象的构想奠定了基础。在不断动手操作的基础上，学生产生了更为广阔的思考。学生从开始尝试创造平衡走向设想平衡状态，进而通过动手操作进行验证。在设想平衡的过程中，学生调动已有认知，寻找数与数之间的关系，构造平衡状态的同时也就是在构造具有相等关系的数，在数学活动经验的积累过程中促进了学生对数的认识，培养了数感。

七、点评

从知识的角度来看，本节课是借助数字天平学具帮助学生进一步理解"="的含义。三个教学环节逐一深入，活动过程从动手操作创造平衡到思考设计想象平衡，体现了由直观到抽象的过程；重力板数量从两块到多块，从两边重力板数量相同到重力板数量不同，逐步通过直观看到的平衡现象感受数量之间的相等关系。教师通过设计动手操作活动，使学生对数学符号的感性认识上升到一定的理性认识，从直观到抽象，学生逐步理解数学的本质，理解符号的含义，增强了学生的数学符号意识，积累了数学活动经验。

从活动拓展的角度来看，本节课遵循了从简到繁、从特殊到一般的活动发展历程，为学生创造了开放的活动空间，在学生独立创造出的多种平衡中引发思考，从不同的表象中寻找相同的本质，进而走向对数学本质的感悟与理解。

设置观察想象活动，发展学生的空间观念
——以"剪纸中的轴对称"为例

一、活动背景

在"图形与几何"教学领域中，发展学生的空间观念是重要的教学目标。学生空间观念的形成依赖于想象、观察、猜想、探究等多样化的教学活动，依赖于学生数学活动经验的积累。"剪纸中的轴对称"是一节结合五年级的空间思维特点，设置观察想象的活动，在观察、广泛猜想、动手操作、分析推理具体的活动中引导学生对轴对称图形的理解，以此来促进学生空间观念得到发展的活动课。

具体来说，"剪纸中的轴对称"这一数学实验课活动主题是五年级学生在学习完第二单元"轴对称和平移"的基础上，进一步认识轴对称图

形，探索画平移图形方法的过程，加深对轴对称图形和图形平移的特征的理解之后衍生出来的。在课堂教学"轴对称图形"这一内容后，学生产生了许多与此相关的、感兴趣的问题。例如：轴对称图形都有哪些特征？为什么不同的图形对称轴条数不同？怎么画那些不是正方图形的对称轴？如果把一张纸先对折，剪一剪，再展开，猜猜是什么样？等等。"剪纸中的对称轴"是根据学生在学习完课本知识后，在完成书后练习题和练习册中的问题而设计的。

二、活动目标

1. 结合从轴对称、平移的角度欣赏生活中图案的活动，学生能从四个不同的开口方向辨认展开图是否正确，看图形的展开图辨认图是否正确。

2. 在剪纸结果的辨析中加深学生对轴对称图形特点的理解，促使学生能正确辨认对折剪纸后图形的展开图。

3. 在活动过程中体会轴对称在生活中的应用价值，并通过对问题的解决，促进学生在探究与不断质疑的过程中发现、提出问题的能力，培养利用知识解决问题的核心素养。

4. 在活动过程中感受图形的对称美。

三、活动准备

1. 物品准备：剪刀，几张 A4 纸。

2. 知识经验准备：

（1）经历进一步认识轴对称图形和探索画平移图形方法的过程，对轴对称图形和图形平移的特征有了一定的了解。

（2）能在方格纸上画出轴对称图形的对称轴，补全一个简单的轴对称图形及某个图形的轴对称图形。

（3）通过轴对称与平移的知识的学习，具有一定的空间观念意识。

四、活动过程与设计意图

环节一：观察图片，猜一猜、画一画展开后的样子，并利用手中的工具剪一剪

1. 出示笑笑的第一幅图片（见图 3-23），大家猜一猜打开后会是什么样的？自己试着画一画。

请同桌两人也像淘气、笑笑那样，剪一剪、猜一猜、画一画。

图 3-23　笑笑的情境图

预设：学生画出自己猜测打开后图形可能的样子。

2. 自己动手按照笑笑出示的图形的样子剪一剪，再看一看打开后是什么样的。说一说你的发现。

预设：

（1）对称轴的位置不同；

（2）他们的开口方向不同。

3. 那到底怎么判断展开图应该是哪幅图？咱们有一个同学提出了这样的问题。咱们可以怎样做呢？

预设：

（1）观察剪掉部分到对称轴的距离；

（2）观察折纸的开口方向。

4. 回顾刚才画图形的过程，大家是否注意到了这几点？下次再画，我们要注意什么？

5. 观察淘气手中的图形，想一想它折起来应该是什么样子？

6. 自己试着剪一剪。

7. 说一说，在这两个活动中，你有什么发现？

【设计意图】　数学活动经验的积累建立在能够激发学生主动参与活动的动机上。本环节通过引用教材中的图片情境，激发学生的好奇心，鼓励学生在想办法的同时体会解决问题的过程。因为在课堂教学中学生已经对轴对称图形的特征有了深入的认识，能够补全简单的轴对称图形，这个过程就是让学生在操作活动中，进一步加深对轴对称特征的认识。学生通过先在头脑中想象，然后画一画，再进行判断，接着动手实验，验证自己的猜想是否正确，回顾反思活动的过程，思考对称轴的特征，在自己操作的过程中体会对称轴的特征，感受到在剪的过程中，对称轴和开口的位置都很重要。

环节二：观察思考剪开后的图形是什么样子？

1. 小芳将一张长方形的纸对折，并将阴影的地方剪掉。如图3-24所示，你能在下面画出她剪后展开的图形吗？（画出示意图）

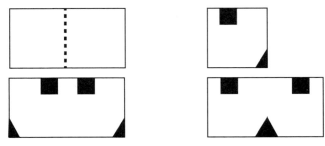

图3-24　示意图

2. 观察这两种方法你有什么问题或发现吗？

预设：

（1）同一道题目，为什么这两个作品的展开图不一样？

（2）这两个方法哪个对？

（3）什么原因导致不一样的呢？

小结：正如同学们所说当对折的开口方向不同时，得到的展开图会有所区别。那这个展开图还能是什么样的呢？请你把所有情况补充完整。

3. 仔细思考，画出对折后展开图还有可能是什么形状的？

预设：如图3-25所示。

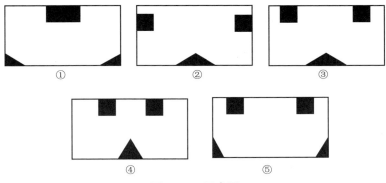

图3-25　示意图

我们应该做点什么？

预设：

（1）检查一下，他们画的对吗？

（2）为什么有这么多种图形？

4. 你想怎么检查？

预设：

（1）动手折一折、剪一剪，展开看看。

（2）有些图形，如⑥、⑦不用试就知道一定是错的，因为对折后的图形中的三角形和正方形不在一侧，在对角线上，无论什么样的展开图也应该不在一边，所以⑥、⑦是错的。

（3）我们可以按顺序把各个边按照顺序剪一剪，就能解决这个问题。

5. 通过剪纸让我们对轴对称图形有了更深刻的认识，在生活中还有很多事情同样也用到了我们学的轴对称的知识，找一找生活中哪里也有轴对称？

预设：剪窗花、裁剪衣服。

6. 轴对称图形的欣赏。找一找生活中的素材。

7. 自己创作一幅轴对称作品。

小结：希望大家在生活中能多多地发现轴对称的美，用数学的眼光看问题，发现数学的美。

【设计意图】 通过观察给出的图片，思考剪开后打开图形的样子，试着猜一猜、画一画展开后图形是什么样子的。接着自己动手剪一剪，看一看能剪出什么样的图形。在活动中，培养了学生的动手操作能力和创新意识，并且自我反思能力也得到了提升。学生在欣赏并用多种不同的方法自主创作轴对称图形、展示自己作品、欣赏别人作品的过程中，不仅再次体验到轴对称图形的美，也品尝到了成功的喜悦，更产生了学习的积极性。

五、活动建议

1. 在猜测之后自己独立动手先画一画，不与大家交流。

2. 在观察并剪完以后，可以同桌互相交流自己的想法。

3. 展现不同的轴对称作品时，可以试着先进行小组欣赏，说一说自己是怎么想的，又是怎么做的，再进行全班欣赏，让每名学生都有发声的机会。

六、教师反思

本主题活动旨在丰富学生对轴对称特征的感知。有人曾说感知是思维活动的窗户，是学生深入认识事物本质的开端。小学生喜欢认识具体性和形象性很强的事物，特别需要先得到一定的感性认识。因此，我为学生提供了充分而准确的感知材料，安排了动手画、动手剪等感知活动。虽然课堂内容比较简单，但学生在"对折""比较""判断"等活动中，不知不觉就对对称轴有了更深层次的认识，积累了丰富的数学活动经验，为初中学习更深入的知识做好了心理上、经验上、认识上的准备。

本单元隶属于图形与几何领域的内容，学生对于空间观念的建立一定是在多次动手操作的基础上形成的。所以在活动中，我们逐步深入，从简单到复杂，由表及里，一步一步触及复杂的内核，帮助学生形成正确的轴对称的认识。在判断展开图是否正确时，我让学生通过自己动手来验证自己的猜想，思维上形成一条线。

在本节课活动的过程中，学生一起经历了问题解决的全过程，从学生课堂学习的状态和效果来看，他们理解和辨别一个平面图形是不是轴对称图形并不太难，但是数学学习更重要的是"通过数学培养思维"，要能从一个基本概念出发进行更多角度的问题思考。比如，具有轴对称特点的图形具有怎样丰富的姿态？今天的学习对初中后续相关知识的学习具有怎样的扩张力？对这些问题的思考和回答，可以让学生的数学学习具有更广阔、立体且丰满的学习视野。"数学知识不易终身铭记，但数学精神会激励终身；解题技能很难终身掌握，但反思方法会受用终身。"

七、点评

本课的内容属于五年级数学上册"轴对称再认识"的内容，是在学生进一步对轴对称图形和对称轴深入认识的基础上，基于学生对轴对称图形的学习兴趣以及课后练习中出现的问题而设计的，非常符合学生的学习需求。

空间观念的培养离不开想象，两次活动中，动手操作前都安排了对剪开后图形样子的猜想，那么这里的猜想正是对剪开后图形会是什么样子的想象。教师在教学实践中先设计猜想活动唤醒学生直接的经验，然后以探究活动为架构，让学生经历动手操作思考的活动经验。因此，学生在想象的过程中会促使学生主动从头脑中调取轴对称图形的相关知识经验等，有利于发展学生的空间观念。另外，在活动过程中，学生经历了观察猜想—操作验证—对比发现—回顾反思这样的问题解决的全过程，这样的经历会是学生今后解决问题的宝贵经验，就像老师反思中所写的一样："数学知识不易终身铭记，但数学精神会激励终身；解题技能很难终身掌握，但反思方法会受用终身。"

设置合作探究活动，培养学生的协作能力
——以"火柴棒"为例

一、活动背景

培养学生的合作探究能力是数学课堂教学的目标之一。《义务教育数学课程标准（2011年版）》提出："有效的数学学习活动不能单纯依赖模仿和记忆，动手实践、自主探索与合作交流是学生学习数学的重要方法。""火柴棒"是一堂以教师引导为辅、以学生协作探究为主的综合实践活动课，学生综合运用已有的20以内数加减法和平面图形的知识，通过移动或摆放火柴棒的活动亲历合作解决问题的过程。本活动课旨在培养学生的合作能力，使学生获得数学活动经验。

具体来说，"火柴棒"这一数学实验课活动是学生学习了一年级数学上册"20以内数加减法和平面图形初步认识"的基础上衍生出来的。经过一年级数学上册的学习，学生已经可以计算20以内数的算式及了解正方形、三角形的边数，但学生在计算时更多关注结果，对算式的符号意义理解不够。同时在调研中发现部分学生认为组成图形的个数与边数存在整倍数关系，且对于一年级学生逻辑推理能力也是需要关注的。因此设计"火柴棒"这样一节活动课，希望学生可以在一个有趣的情境中培养一些数学素养及对数学的乐趣。

二、活动目标

1. 在掌握火柴棒数字的基本特点后，通过移动火柴棒的游戏，复习20以内加减法，体会运算符号的意义，培养学习观察和分析能力。

2. 借助火柴棒拼图，探索数量变化的规律，亲历合作解决问题的过

程,并尝试解释自己的操作与思考过程,使学生获得数学活动经验。

3. 引导学生尝试制作美丽的图案等操作活动,使学生获得研究图形的经验,体验学习数学的乐趣,激发学生学习数学的兴趣。

三、活动准备

1. 物品准备:2人一组,每组准备两盒火柴和一块粘板。

2. 知识经验准备:

(1)20以内数的加减法;

(2)对简单平面图形特性有初步的认识。

四、活动过程与设计意图

课前活动

谜语:四方一张床,住着白木郎,头戴乌纱帽,碰墙就发光。

1. 你们知道谜底是什么吗?

学生:火柴棒。

同学们,火柴棒游戏很好玩也很有趣。我们可以用火柴棒搭成许多有趣的数字、算式,它还可以搭出我们熟悉的平面图形,甚至还可以拼出非常漂亮的图形。你们期不期待和火柴棒一起做游戏?今天老师带着大家一起与火柴棒开始一场神秘的探索之旅吧。

环节一:火柴棒游戏——移动火柴棒

1. 一位同学用火柴棒摆了一个算式(见图3-26),请聪明的你移动1根火柴棒使算式成立。

要求:

(1)只移动一根,不能改变原来小火柴棒总数;

(2)同桌两人一起摆,摆的时候要轻轻的、慢慢的;

(3)摆完后,剩下的火柴棒放在火柴盒里。

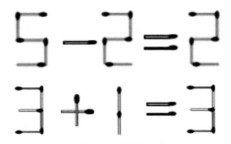

图3-26 火柴棒示意图

2. 移动3根火柴棒,使这条鱼的鱼头朝右,鱼尾朝左(见图3-27)。

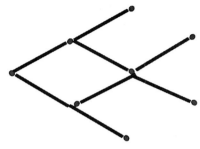

图3-27 示意图

3. 现在有一个更加复杂的算式(见图3-28),请聪明的你去掉1根火柴棒使算式成立。

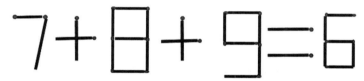

图3-28 算式

要求:

(1)同桌两人合作;

(2)时间五分钟左右。

4. 请你尝试编一道移动(去掉)一根火柴棒就能成立的算式,同桌两人相互出题,进行互动游戏。

要求:

(1)同桌两人商量出题顺序;

(2)游戏过程中声音不要太大。

小结:我们可以通过移动、去掉火柴棒的游戏来帮助一个算式成立,我们也发现火柴棒还可以拼出小鱼,并且通过移动火柴棒还可以帮助小鱼掉头,太神奇了。

【设计意图】 本环节利用学生已有的知识及生活经验,关注到学生对新鲜事物好奇的特点,以"移动""去掉"为限制条件设置活动,调动学生的操作与思考。通过"摆一摆"方式培养学生观察、动手能力,加强学生对运算符号意义的理解,并以"说一说"等交流方式培养学生的合作意识，增强学生的表达能力。

环节二：火柴棒游戏——火柴棒拼图

聪明的你可以改变火柴棒摆出的图形，那么老师给你火柴棒，你能搭出老师想要的图形吗？

1. 你能用10根火柴棒搭成几个正方形？

要求：

（1）一个正方形仅需4根火柴棒；

（2）同桌合作完成；

（3）时间五分钟。

2. 小组交流。

3. 汇报。

预设：

（1）可以搭2个，剩余2根，如图3-29所示。

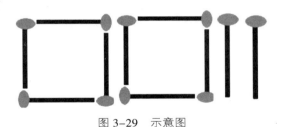

图3-29　示意图

（2）可以搭3个，如图3-30所示。

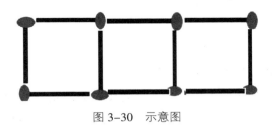

图3-30　示意图

4. 通过火柴棒搭正方形游戏，你发现了什么规律？

预设：

（1）1个正方形需要4根，2个正方形需要7根火柴棒，3个正方形需要10根火柴棒；

（2）4个正方形需要13根火柴棒，5个，6，7，…

（3）每加3根火柴棒就可以再搭一个正方形。

5. 根据手中火柴棒，搭三角形。

要求：

（1）一个三角形仅需3根火柴棒；

（2）记录三角形个数及对应所用火柴棒根数。

6. 通过火柴棒搭三角形游戏，你发现了什么规律？

预设：

（1）1个三角形需要3根火柴棒，2个三角形需要5根火柴棒，3个三角形需要7根火柴棒；

（2）每加2根火柴棒就可以再搭一个三角形。

7. 根据你的发现提出一个问题。

预设：

（1）4个三角形需要几根火柴棒？

（2）10根火柴棒可以搭几个三角形？

小结：在火柴棒拼图游戏中，我们发现了好多规律。相信在以后我们会发现更多的规律，根据规律去解决问题真是太方便了。

【设计意图】 打破传统意义下的"我教你学"方式，给出学生问题，引起学生的认知冲突（10组成2个正方形还有剩余，也能够组成3个正方形），抓住矛盾与学生求知特点，鼓励学生动手去实践、探索。通过对不同的探索结果进行比较、讨论、质疑、验证，发现数量变化规律，实现学生"独立思考—动手操作—合作交流—验证问题—掌握知识"的验问课堂。本环节安排了类似的、重复的活动环境（搭正方形、搭三角形游戏），促进学生的活动经验由低到高的层次转换。

环节三：火柴棒游戏——欣赏与制作

同学们，我们发现火柴棒游戏太有意思了，我们可以将火柴棒搭成我们想要的图形，我们也可以来动一动火柴棒，把它变成我们喜欢的图形。令老师震撼的是还有一些人真是太厉害了，可以将火柴棒做成很漂亮的图案。

1. 欣赏美丽的火柴棒图案。

2. 尝试制作美丽的火柴棒图案。

3. 作品展示和评价。

小结：你们太有想法和创意了，可以将简单的火柴棒拼出这么漂亮的图案，相信你们以后一定会爱上实验课，它不仅可以让我们学到知识，还会带给我们快乐。

【设计意图】 通过设计让学生欣赏生活中有趣而美丽的图案，培养学生的审美意识、认识数学的美、体会图形世界的神奇。同时在激发学生对此活动感兴趣的背景下引导学生尝试制作美丽的图案等操作活动，不仅可以培养学生的动手能力，还使学生获得研究图形的经验，体验学习数学的乐趣，激发学生学习数学的兴趣。

环节四：收获

通过这节课的学习，你有哪些收获？

【设计意图】 学生谈收获不仅仅体现在知识的掌握和运用上，还要让学生感受到实验带给他们的快乐，激发学生探究下去的欲望，鼓励学生遇到问题时多角度思考，寻找多种方法解决。

五、活动建议

1. 完成火柴棒变动后，小组内对比、交流，了解方法的不唯一性。
2. 学生讲解方法时，其他人要倾听，有问题提质疑，相应学生解答、补充。
3. 发现规律后可以再操作验证。

六、教师反思

学生的想法和创意都是那么的出人意料。在移动火柴棒及拼图游戏的实验课中，我根据一年级学生对加减法及图形知识的掌握、应用和解决问题所需的时间进行了预设，但他们同桌间协作配合，在很短的时间内选择了多种方法去解决问题，这样的速度和质量让我很惊讶，他们的能力完全超出了我理解的一年级水平，他们的合作能力也让我对一年级的孩子有了更深层次的认识。

对于一年级的学生来说，他们可能只是想到了一种解决当下问题的方法，没有去考虑问题背后的意义及解决此类问题的道理；他们的语言是简单、稚嫩的，甚至缺少逻辑性。但是就因为他们的世界是简单的，思维是灵活的，考虑的方法则是"纯天然"的，没有那么多的条条框框，没有那么多的"我根据"，他们是在自己对知识的初步理解的前提下，进行实际动手操作，他们的知识是在实际验证的过程中习得的。学生才是学习的主体，他们的探索、发现、掌握是他们获得知识的主要方式。

本主题活动的重点并不是简单地让学生巩固知识，而是希望学生可以利用已有的知识及生活经验去解决实际问题，从而积累数学活动经验。本节课希望培养学生的独立思考、动手操作、团结协作、逻辑思维能力等，希望学生可以享受整个过程中，产生对数学的兴趣，感受数学的重要性及应用性。

七、点评

根据一年级学生的特点以游戏的形式贯穿整个教学环节始终，激发了学生的学习兴趣。本节课教师提供了一系列的"游戏活动串"，游戏中既有通过移动火柴棒使等式成立的内容，又设计了在用火柴棒摆图形时观察图形个数与火柴棒根数的活动。"游戏活动串"蕴含了"情境串"，在面对不同情境问题时，学生的思考角度不同，获得的结论也不尽相同。以游戏为载体，以同桌合作为主要形式，学生在解决问题的过程中不仅需要主动调取原有的认知，还需要将原有认知进行筛选、重组、整理，进而选取最为贴切的方法，学生在动手操作、观察发现、解决问题的活动中不断探究，收获知识和快乐。

本节课给学生创设了独立思考、合作交流的学习空间，除了在尊重个性发展的基础上培养学生的合作意识与交流能力外，还留给学生充分的活动时间。已有的数学活动经验研究表明，是否给予学生足够的活动空间是影响学生是否积累数学活动经验的因素之一。本节课教师对学生的活动状况有所了解，给学生的活动留足了充分的时间而非忙于赶教学任务，保证了不同学生对同一个数学活动的体验和感悟。

设计开放性问题，培养学生的发散性思维
——以"比较：谁装的水多"为例

一、活动背景

发散性思维是成为创新型人才的关键能力。发散性思维是指从一个问题出发，寻求多种解决问题方法的思维，又称为求异思维。在小学数学教学中，不可忽视学生发散性思维的培养。培养学生发散性思维的主要途径是设计开放性的问题，学生针对开放性的问题寻求多种答案，在寻求多种

可能的答案时充分发挥思维的灵活性。"比较：谁装的水多"是通过设计"比较谁装的水多"这一开放性问题，让学生思考多种比较方法，引导学生动手实验探究，经历实验—猜想—验证的思维过程，培养学生的推理能力和数学表达能力，增加学生的数学活动经验。

具体来说，"比较：谁装的水多"这一数学实验课活动主题是在学生学习一年级数学上册第二单元"比较"的基础上衍生出来的。学生在学习本单元之前已经有了一定的生活经验，会比较物体的大小、多少，但仅仅限于单一变化量或者差距较大的情况。"过生日"一课中比较两个饮料瓶的容量，学生对这一过程表现出浓厚的兴趣，在课堂上进行了一系列的讨论和质疑：瓶子高的装得多；瓶子粗的装得多；高的瓶子细一些，矮的瓶子粗一些，怎么才能知道哪个装的水多呢？把水倒入同一个杯子里试一试？……还有其他的验证方法吗？这一问题激发了学生的探索兴趣，因此设计了"比较：谁装的水多"这节实验课。

二、活动目标

1. 经历"比较两个容器谁装水多"的问题解决的过程，培养学生寻求多种策略解决问题的能力，积累操作经验。

2. 尝试用简洁、流畅的语言表达自己的实验方案，培养学生的语言表达能力。

3. 经历实验、猜想、验证的过程，积累比较的经验，发展初步的推理能力。

三、活动准备

1. 学生准备：一条小毛巾（用塑料袋装好）、半瓶矿泉水、一个小瓶子或小杯子。

2. 教师准备：方盒子和圆盒子各20个，相同规格的塑料杯40个、相同规格的纸杯2个。

四、活动过程与设计意图

环节一：兴趣引入

1. 出示两个粗细相同、高矮不同的杯子（见图3-31），问学生：如果把这两个杯子都装满水，哪个杯子装水多？

预设：大杯子装水多，因为大杯子明显比小杯子

图3-31　杯子

高很多。

追问：为什么杯子高装的水就多呢？

预设：因为两个杯子粗细相同，杯子高装的水就多。

小结：是啊，对于粗细相同的杯子，我们可以根据杯子的高矮比较谁装水多。

【设计意图】 通过粗细相同的杯子比较大小，激发学生的生活经验。根据生活常识学生很容易判断哪个杯子装水多，但是在描述时仅仅会说因为大杯子高所以装水多，这种说法并不严谨。帮助学生形成比多少的初步感受，为环节二奠定基础。

环节二：提出问题

教师出示两个形状不同的容器（见图 3-32）。

1. 这两个容器谁可以装更多的水呢？

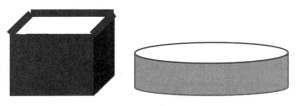

图 3-32　容器图

预设：

（1）方盒子装水多，因为它比较高；

（2）圆盒子装水多，因为它比较粗；

（3）可能一样多，因为它们一个比较高，一个又比较粗，没准装的水正好一样多。

教师小结：看样子，像这样形状不同的两个容器，就不容易确定哪个装水多了。到底谁装水多呢？你们有什么办法，可以通过实验来验证一下吗？

【设计意图】 给出两个形状不同的容器，它们的高矮、粗细都不同，这时学生会产生疑问，应该怎样比较呢？提出具有一定的挑战性的问题，学生这时仅仅依靠生活经验或者分析观察不能得到答案，教师引导学生通过实验的方法验证自己的猜想。比较的方法有很多，这一开放性的问题的设计，可让学生学会寻求多种策略去解决问题。

环节三：分析、解决问题

1. 先独立思考，想好后在小组内交流想法。
2. 全班交流，老师随着学生的交流以简笔画的形式记录实验方案。

方法一：把方盒子装满水，再把方盒子里的水，倒进圆盒子里，看看圆盒子满不满就知道谁装得多了（见图3-33）。

图3-33 方法一示意图

追问：怎样判断谁装得多呢？

预设：如果装满了，方盒子里还剩下水，说明方盒子装的水多；如果没有装满，说明圆盒子装的水多。

方法二：把两个相同的杯子装满水，分别倒入方盒子和圆盒子里，倒满后，比较两个大杯子里剩下的水，剩下的水少的那个杯子对应的盒子更能装水（见图3-34）。

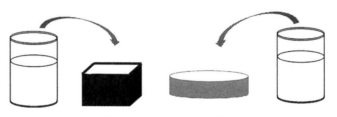

图3-34 方法二示意图

追问：这种方法需要注意什么？

预设：找到的两个相同的杯子要足够大，如果把杯子里的水倒完了还没有把方盒子和圆盒子倒满水，就不能比较出来了。

方法三：把方盒子和圆盒子都装满水，分别倒在两个相同的大杯子里，比较大杯子里的水面，哪个水面高，它对应的那个盒子装水就多（见图3-35）。

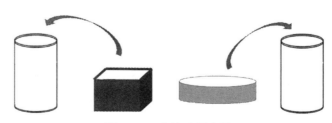

图3-35 方法三示意图

追问 1：这种方法和方法二有什么相同点？

预设 1：都是找到两个相同的杯子进行比较。

追问 2：有什么不同点？

预设 2：方法二是把同样多的水倒入两个盒子里，看谁剩下的水多；方法三是把装满水的方盒子和圆盒子倒入两个相同的杯子里，看哪个杯子里的水多。

方法四：把方盒子和圆盒子都装满水，分别放在秤上称一称，比较重的那个装的水多（见图 3-36）。

图 3-36　方法四示意图

追问 1：你能说一说是怎么想到这种方法的吗？

追问 2：他是根据轻重判断哪个盒子装的水多，还有其他办法吗？

方法五：把方盒子和圆盒子都装满水，分别放在手上掂一掂，比较重的装水多。

方法六：把方盒子和圆盒子都装满水，分别放在天平的两边，下沉的一边装水多。

预设：这三种方法都是根据轻重来判断的，不同点是使用的工具不同。

方法七：把方盒子和圆盒子都装满水，先把方盒子里的水倒入一个较大的透明空杯子里，在杯子的侧壁对其水面做一个记号；倒掉杯子里的水，再把圆盒子里的水倒进去，看能不能达到标记的位置。

追问：你的判断标准是什么？

方法八：把方盒子和圆盒子都装满水，分别把水分装在相同的小杯子里，分装的小杯子数量多的装的水多（见图 3-37）。

追问：你是怎么想到这种方法的？它和哪种方法相似？有什么不同点？

交流过程中，通过生生互动，调整、补充、纠正实验方案，使方案更加简便、合理。

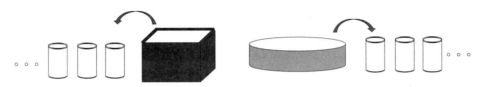

图 3-37　方法八示意图

【设计意图】 首先学生展示想到的多种情况，教师追问学生是如何想到用这种方法进行判断的，培养学生的发散思维和逻辑思维；其次，当学生没有明确说清实验结果时，需要引导学生组织语言说明实验结果，从而培养学生的语言表达能力；最后，帮助学生从多种方法中找到相同点，探寻不同点，聚焦学生的方法，培养学生的分辨能力。

环节四：总结扩展

1. 总结：同学们，今天我们一起验证了方盒子和圆盒子谁装的水多的问题，我们可以借助其他杯子来判断，也可以根据重量来判断。你们的方法可真多呀！

2. 你们还有其他方法吗？如果老师手里没有你需要的工具，你可以回家尝试一下，下节课老师带来工具，进行实验。

3. 通过这节课的学习，你有什么收获吗？

【设计意图】 一节课的时长有限，这节课虽然已经结束，但是学生对解决问题的思考没有结束，学生会基于教师在课堂上的启发，提出各种天马行空的方法。因为有些可能难以在课堂上得到验证，且时间有限，所以鼓励学生课后想办法继续动手操作实现自己的方法。

五、活动建议

1. 同桌两人一组，选择合适的实验器材。

2. 可以选择多种实验方案进行操作。

3. 操作的同时进行讲解，阐明实验结果，让别人听懂自己的方法。

4. 其他同学可以提出质疑、补充，帮助完善实验方法。

六、教师反思

本节课活动的设计以"谁的水多，如何证明"这一开放性问题为导向，引导学生动手操作、主动探究。问题的开放性，能调动学生的思维，充分发挥不同学生的创造能力。在活动设计时，注意到一年级的学生已经有了一定的生活经验，会解决简单问题，但是语言组织能力不强，需要多次引导学生说清楚话、完整话。

本节课的一个难点在于学生不明白方法背后的原理，比如为什么环节一出示两个粗细一样、高度不一样的水杯，就很容易判断出哪个杯子装的水多。通过教师的引导，让学生理解根据控制变量法，只有一个变量——高，这时可以直接进行比较的原理。而环节二中的方盒子和圆盒子中有两个变量——底面积和高，所以需要借助其他器材确定一个量。

学生的想法有很多，甚至有些学生想找一块与方盒子同样大小的铁块，融化后注入圆盒子中，看能否把圆盒子里装满铁水。这种方法以学校的条件并不能实现，但是这种方法可行，其背后的原理与容器的容积和物体的体积有关。学生不明白这么多的原理，但是他们依然能想出各种各样的方法来解决这个问题，在不断解决问题的过程中积累丰富的数学活动经验。

七、点评

本节课是从一年级数学上册"比较"单元的问题串里的一个问题衍生出来的。书中的一个小问题之所以能够变成一节课，是因为这个问题承载了重要的数学思想，且这一开放性问题蕴含了多种策略。同时，一年级学生的经验基础足以支撑他们用多种方法解决这个问题。本节课有一明一暗两条线。明线，学生调动已有经验，利用手边的物品，设计多种不同的方案来解决"谁装的水多"的问题；暗线，在寻求解决问题的方案的过程中，学生不断体会、运用转化的数学思想，把不便于直接比较的，转化为能够直接比较的，在多种转化的过程中发展发散性思维。

本节课还蕴含了一个"数学活动经验需要系统化"的重要理念。一年级学生的理解和表达能力有限，在动手操作"比较谁的水多"的过程中，容易只停留在具体的事物操作活动的表层，这时学生获得的数学活动经验往往是内隐的、零散的。在本节课我们可以看到，教师及时引导和组织学生进行交流讨论，努力促使学生的操作活动数学化，有利于学生将获得的数学活动经验系统化。

设计问题串，感悟数学知识间的联系
——以"我来摆一摆"为例

一、活动背景

《义务教育数学课程标准（2011年版）》强调"数学知识的教学，

应注重学生对所学知识的理解，体会数学知识之间的关联"。因此，注重知识的结构和体系，引导学生体会数学的整体性，感悟数学知识间的联系是教师教学关注的问题之一，其中，设计系列的问题是将数学知识串联起来的重要方式。基于此思想，设计了"我来摆一摆"教学案例。"我来摆一摆"是关于大数的认识与理解的综合实践活动，教师在这个活动过程中通过设计"生活中的大数知多少"、数位顺序表如何理解与应用、创造大数等系列问题，帮助学生建立"从简单问题入手，逐步深入探索、比较分析，感悟知识之间的联系"的数学思维模式。

具体来说，"我来摆一摆"这一数学实验课活动主题是在学生学习完四年级数学上册第一单元之后，对于本单元知识的一次综合性应用。在教学过程中，学生接触到的生活中的大数，都是通过书本、杂志、报纸、电视等搜集而来，调查得到的数多为整万数、整百数或整十数，是一种被动的接受，课堂比较沉闷，而且本单元知识点众多，学什么也渴望能在玩中学，"我来摆一摆"就是基于学生的这一想法设计的。

二、活动目标

1. 巩固学生对于大数意义的理解，能正确地比较大小；巩固近似数的意义以及用四舍五入法求近似数的方法。

2. 在进一步的观察中，对比思考发现不同的比较方法，形成一定的数学分析比较的思维模式，感悟数学知识之间的联系。

3. 培养学生动手操作能力，促进学生获得数学活动经验。

4. 培养学生相互合作的意识与能力。

三、活动准备

1. 物品准备：

（1）每个同学搜集一个生活中的大数；

（2）每位同学用 A3 纸做一个两行九列的表格；

（3）20 个直径 2.5 cm 彩色的小圆片；

（4）一张作业纸。

2. 知识准备：

（1）学生掌握了大数的读写；

（2）学生会求一个数的近似数。

四、活动过程与设计意图

环节一：交流自己搜集的生活中的大数

1. 同学们，课前老师让大家搜集一个生活中的大数，现在以小组为单位，互相说一说你是通过什么途径得到这个数的？

预设：从书本里看到的；从网上查的；从报纸上摘抄的。

一年有 365 天，有 8760 小时、525600 分钟、31536000 秒。

构成一个人体需要 500 万亿个细胞。

中国的陆地面积 960 万平方公里（9600000）。

中国是世界上人口最多的国家，人口有 1300000000（十三亿）多。

这些大数是在描述什么呢？

时间、细胞的个数、我国的陆地面积、人口的数量。

那你们想不想自己来创造一个大数呢？

【设计意图】 课前让学生收集生活中的大数，给予学生充分的观察生活实践，能够体悟生活中的数学，调动学生的积极性。通过谈话交流，得到学生搜集数据的途径，以及数据表示的意义。借助学生收集的数据可以对学生进行爱国主义的教育。

环节二：巩固对数位顺序表的认知

1. 出示数位顺序表（见表 3–2）

表 3–2　数位顺序表

数级												
数位	……											
计数单位	……											

2. 同学们，这是我们最近学习的数位顺序表，你们知道它的由来吗？

自然数是无限多的，如果每一个自然数都用一个独立的名称来读出它，这是非常不方便的，也是不可能做到的。为了解决这个问题，人们创造出一种计数制度，就是我们使用的十进制计数法。同一个数字，由于所在数位不同，计数单位不同，所表示数值也就不同。对于每个数字，都应该有一个计数单位。各个计数单位所占的位置的顺序表就是数位顺序表。

3. 谁能把它填写一下？

说一说你掌握了哪些知识？

预设：每四个数位是一级，有个级、万级、亿级。

数位有：个位、十位、百位、千位、万位、十万位、百万位、千万位、亿位……

计数单位：一、十、百、千、万、十万、百万、千万、亿……

追问：大家在说的时候，是从数位表的哪个方向开始的？

数位与计数单位哪儿不一样呢？有没有什么联系？

（计数单位是用来描述一个数的大小的，而数位是用来描述一个数所在的位置；它们有着相互对应的关系：个位对应的数是个、十位对应的是十、百位对应的是百、千位对应的是千、万位对应是万……）

【设计意图】 之前的课堂学生都是直接使用数位顺序表的，在这里提出"你是否知道数位顺序表"的由来，除增加学生对数位顺位表的认识，拓宽知识面之外，还让学生领悟到每一项事物都有它的发展过程。借助于数位顺序表的由来，给学生科普数学的发展史。

环节三：动手创造大数

1. 请你取出自己的表格，填写上数位（见表3-3）。

表3-3 数位填写表

亿位	千万位	百万位	十万位	万位	千位	百位	十位	个位

（1）取出自备的彩色小圆片，同桌两个人一组，任意摆出一个数，互相说一说这个数的组成（见图3-38）。

（2）摆出一个最大的数，读一读同桌摆的数，比一比哪个数大？

2. 说一说是怎么比的？（先看双方放圆片的最高位是不是一样的，如果不一样就直接比，如果一样就从最高位开始比每一个数位上的数）

图3-38 学生示例图

（3）两个人比出的最大数在四人小组里再比一比，选出最大的，在七人小组里比一比，全班再比一比。（如果有相同的，任选一个人作为代表）请该同学介绍经验，自己是怎么摆出这个最大的数的？

预设：先把最高位亿位放满 9 个圆片，再把千万位放满，剩下的 2 个放在百万位。

追问：为什么放 9 个圆片？（满十就要向前一位进一了）

3. 用手里的圆片按照要求摆一摆，并记录在作业纸上。（从 20 个里面自愿选个数）

（1）摆出只读一个零的数；

（2）摆出读两个零的数（见图 3-39）；

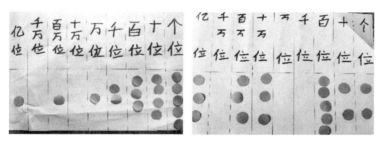

图 3-39　学生例子图

（3）一个零都不读的数；

同桌两个人互相验证，摆的数是否符合要求；写出记录的三个数的读法；从前两个数里选一个数，把这个数四舍五入到十位、百位、千位、万位。

4. 把手里的圆片用完，按照要求摆一摆，并记录在作业纸上。

（1）摆出只读一个零的数；

（2）摆出读两个零的数（见图 3-40）；

（3）摆出一个零都不读的数；

图 3-40　学生例子图

同桌两个人互相验证，摆的数是否符合要求；写出记录的三个数的读法；从前两个数里选一个数，把这个数四舍五入到十位、百位、千位、万位。

5. 对比自己创造的数与搜集的数的区别。

预设：搜集的数多数末尾有几个零，自己创造的数就比较普通一些。

【设计意图】 本环节通过提出比较数、创设数等系列问题，设计让学生动手操作的活动。通过动手操作环节，按照要求在数位顺序表里摆圆片的活动，培养学生的动手操作能力。从不规定圆片的个数，到用完二十个圆片，条件难度增加，调动学生积极进行思考，培养学生的思维能力，从而培养学生的创造能力。

五、活动建议

1. 独立完成任务：搜集生活中的大数。
2. 以 4 人交流小组为单位，记录摆出的数。

六、教师反思

本节课的活动是学生在学习了课内关于"生活中的大数"相关知识之后，根据学生自发引起的相关问题衍生出来的，是对这一部分知识的进一步深化。在设计不同类型的问题和创造大数的过程中，学生进一步感受知识之间的关系。

此外，思维是数学活动经验形成的内在条件，在本节课活动的过程中，学生在创造大数的背景下，经历了比较数的大小、按要求摆数的全过程，感受了十进制的方法计数的便捷性，促进了学生在学习过程中发现并提出问题的兴趣，增加了学生深入思考的机会，拓宽了学生的思维空间，积累了学生的数学活动经验。

七、点评

从知识结构的角度来看，四年级对于大数的认识是学生小学阶段最后一次学习关于整数知识的内容，随着数位的不断增加，计数单位也随之越来越大，但数位间的十进制关系却始终未变，每一个数位在"满十"的情况下都要向高一级数位"进一"，这也是"十进制"计数法的精髓所在。

从课程拓展的方式来看，教师创设了"动手创造大数"的操作环节，在学生动手操作的基础上进一步理解"位值制"，体会"十进制"的含义。真实且多样的操作环节有效激发了学生的学习兴趣，学生在不断解决教师提出的问题，创造新的数的过程中，调动了与"数"认识的原有认知，综合应用了数的比较、数的组成等与"数"有关的知识，为不同层次的学生创造了符合他们特点的丰富的学习空间。此外，学生在操作活动过程中经历了比较、概括的思维过程，这种思维活动的经历帮助他们获得了有益的数学活动经验。

第四章

引导思维进阶，感悟数学基本思想

"数学基本思想"是《义务教育数学课程标准（2011版）》中提出的"四基"之一，能够体现数学的学科本质，是学生在接受数学教育的过程中应该达成的重要目标。学习数学要学会思考问题，建立数学思想，这是人们对于数学学科研究的本质及规律的理性认识。教师通过设计层层递进的学习活动，引导学生经历思维进阶的过程，帮助学生在这个过程中感悟数学思想，提升数学核心素养水平。与此同时，伴随着数学思想的理解和数学思想方法的掌握，学生的数学思维水平也能够得到更好的发展与提升。这一章节将对数学思想的内涵、意义和教学策略进行讨论，并且通过8个典型教学案例，对数学思想和具体数学思想方法的内涵和培养策略进行阐述。

第一节 理论基础

一、何谓数学基本思想

数学基本思想能够反映数学的学科本质，是对数学本质的高度概括与抽象。蔡上鹤教授（1997）认为，"所谓数学思想，是指现实世界的空间形式和数量关系反映到人的意识之中，经过思维活动而产生的结果，它是对数学事实与数学理论的本质认识"。史宁中教授进一步提炼出了数学的三个基本思想，史宁中教授（2008）在《数学思想概论》一书中提到，数学基本思想是"数学发展所依赖、所依靠的思想"。他还给出了数学基本思想的两条标准：一是数学产生以及数学发展过程中所必须依赖的那些思想；二是学习过数学的人所具有的思维特征（史宁中，2011）。根据这些标准，数学发展所依赖的思想在本质上有三个，分别是抽象、推理和模型，与数学抽象性、严谨性和应用性的特征相对应。通过抽象，在现实生活中得到数学的概念和运算法则，通过推理得到数学的发展，然后通过模型建立数学与外部世界的联系（史宁中，2008）。

与数学思想容易混淆的一个概念是数学思想方法。数学思想方法指的是解决数学问题或者运用数学知识解决问题时所运用的能够反映数学思想的方法，具有较高的操作性，例如分类思想方法、数形结合思想方法、对应思想方法、化归思想方法、类比思想方法、转化思想方法，等等。关于数学思想、数学思想方法和数学核心素养之间的关系，马云鹏教授进行了清晰的论述。他认为数学基本思想是数学核心素养的上位指导概念，数学核心素养是数学基本思想在学习数学领域内容中的具体表现，数学思想方法是从操作层面上实现数学核心素养、体现数学基本思想的方法或能力（马云鹏，2015）。也就是说，数学思想方法是数学思想的具体表现形式，用以解决具体的数学问题，更加具体、可操作；数学思想是数学思想方法的指导思想，对数学思想方法的应用起到指导作用，更加抽象、概括。

二、为什么培养学生的数学基本思想

课程标准中明确指出，"课程内容不仅包括数学的结果，也包括数学结果的形成过程和蕴含的数学思想方法。"通过义务教育阶段的数学学习，要使学生能够"获得适应社会生活和进一步发展所必需的数学的基础知识、基本技能、基本思想和基本活动经验"。因此，数学基本思想的重要性不言而喻。

首先，领悟数学基本思想能够帮助学生真正理解学习内容，促进基础知识和基本技能的习得。随着信息技术的发展，计算机等电子设备可以帮助我们解决基本的计算与绘图等问题，基础知识更多的是作为发展能力和素养的内容载体出现。对学校数学教育来说，重要的不是训练学生的计算能力、绘图能力，更不是对公式和定理的简单套用，而是帮助学生理解算理、掌握方法、领悟思想。

其次，掌握数学思想方法有助于知识和方法的迁移，促进学生问题解决能力的提升。知识和方法都是依托于某一类或某几类情境存在的，适用于具体的问题。教师在教学过程中，精心设计学习活动，引导学生挖掘数学概念、公式、法则产生的过程，应用的情境与方法，循序渐进地渗透数学思想方法，帮助学生真正理解知识和方法适用的情境，促进知识和方法的迁移，提升学生的问题解决能力，促进学生学习能力的持久发展。

最后，领悟数学基本思想有助于学生领会数学的学科本质。数学学习如果仅仅停留在公式的记忆与套用，枯燥、单调的计算训练，抽象、繁杂的空间推理，容易使学生产生对数学的畏难情绪，甚至失去对数学学习的兴趣。教师在教学过程中，有意识地渗透数学基本思想和数学思想方法，有助于帮助学生领会数学学科本质，感悟数学精神，领会数学魅力，产生学习数学的内在驱动力。

三、如何在课堂教学中培养数学基本思想

（一）综合学生认知特点和教学目标，选择合适的内容载体

课程内容的选择要指向教学目标，凸显学科本质，符合年龄特征。并不是所有的课程内容都能够指向某一数学思想或应用某种数学思想方法。当培养目标指向数学基本思想和数学思想方法时，教师要根据学生的认知特点和教学目标，选择合适的学习内容，进行恰当的教学设计。由于小学生的认知发展还不成熟，知识、技能和方法的积累也十分有限，而数学思想与数学思想方法又恰恰具有高度抽象的特征，因此，对于小学生来说，可以不追求标准的命名方式和解题过程，数学思想以感知为主，数学思想方法可以用相对隐性、简化的方式提出。学习内容要关注数学概念、公式、法则产生的过程与方法，既能够给予学生动手操作、体验感知的机会，也要引导学生推理验证、动脑反思，让学生在应用的过程中，主动地建构对数学思想与数学思想方法的初步认识和理解，为后续学习过程中的逐步深化奠定基础。

（二）设计层层递进的学习活动，实现思维逐级进阶

数学学习是从生活中的具体情境到普遍性问题，再到数学抽象知识的逐级深化的过程。教师需要对学生的认知特点与能力水平、学科的内容与方法有深入的了解，并在此基础上设计学习活动，提供学习材料，使学生能够在学习材料的引导下完成学习任务，循序渐进地实现对数学知识、数

学思想方法和数学思想的主动建构。在设计学习活动时，教师可以围绕核心目标，提出核心问题，设计2~3个层层递进的学习任务，引导学生通过动手操作、对话交流等方式，体验知识发现的过程与方法，在个体经验的基础上主动地加以建构，进而形成自己的理解。

（三）开发大单元，对学科内的课程内容进行整合

数学思想的抽象程度较高，而小学生认知水平较低，这就使得数学思想的理解和数学思想方法的掌握不可能一蹴而就，学生难以在几节课中习得，甚至需要通过几个学期的持续学习，不断深化理解、体会感悟。学校的数学教师团队需要对小学阶段的数学课程内容进行整体的深度剖析，以数学思想和数学思想方法为线索，以大单元教学为方式，对数学课程内容进行整合，从低年级到高年级，循序渐进地感受数学思想的价值，增强学生对数学思想的理解，培养学生对数学思想方法的应用，切实提升学生的数学素养水平。

第二节　典型案例分析

小学生的认知水平较低，而数学思想方法往往具有一定的抽象性和复杂性，因此，数学思想方法的学习对于小学生来说非常具有挑战性，导致教师在教学过程中往往回避或者忽略数学思想方法的教学。但是，课程标准已经明确将掌握"数学基本思想"列为数学学科的重要培养目标之一，这使得教师必须将数学思想方法的培养纳入课堂教学的目标。需要注意的是，学生数学思想方法的习得是一个循序渐进的过程。由于小学生的整体认知水平有限，数学思想方法的呈现方式以渗透为主，目的是让学生建立对数学思想方法的初步认知，能够运用具体的数学思想方法解决简单的问题，体会数学思想的作用，感悟数学学科本质。

学校的数学教师团队在渗透数学思想方法、提升学生数学素养方面进行了大量的尝试与探索。本章节将从典型课例切入，呈现小学数学学习中常见的数学思想方法的教学实践与反思，为广大同仁提供借鉴。本章节包

含比较思想方法、有序思想方法、模型思想方法、转化思想方法、数形结合思想方法、推理思想方法和极限思想方法的教学思考，案例涉及低、中、高学段。但是，大部分数学思想方法都是可以运用恰当的内容和方式进行不同程度的渗透的，本章节给出的案例只是提供一点思考、一种可能，还有更多生动的教学情境等待探索。

渗透比较思想，提升思维品质
—— "数豆子"一课的教学尝试

一、活动背景

比较思想方法，就是指在思维中对两种或两种以上的同类研究对象的异同进行辨别的一种数学思想方法。比较是理解和思维的基础，一方面能够促进学生对知识的理解，另一方面能够提升学生的思维水平。随着学习的不断深入，知识的难度越来越高，学生只有学会抓住不同事物的本质特点并对其进行分析比较，才能够建立知识和方法之间的区别与联系，在学习中不断进步。

比较思想方法在小学数学学习过程中有非常多的体现与应用。"数豆子"这一数学实验课活动是在学生学习了一年级数学上册中的"20以内数的比较"的基础上衍生出来的。在上小学之前，学生就已经能够熟练地数100以内的数了，也能通过数的方法比较出两个数的大小。在遇到较大数量比较大小时，学生往往还是习惯于用数的办法去解决问题，虽然知道数起来很麻烦，但是只有这种熟悉的方式才能让他们觉得准确，有安全感。如何打开学生的思维定式，拓展学生的思维，帮助学生学会从更多的角度认识事物，对不同的事物进行比较？基于这个目的，我设计了"数豆子"这样一节实验课，力求帮助学生做到由数过渡到不数，在动手操作中感悟比较的思想方法。

二、活动目标

1. 经历实验、分析论证的过程来估测豆子的多少，感知重量、面积、容积等和数量的关联，积累比较的经验，感受比较思想方法和策略的多样性。

2. 感知不同估测方法之间的不同，能根据实际情况选择合理的估测方法，体现比较思想方法和策略的多样性。

3. 运用所学知识以及生活经验，在从数到不数的实验过程中，渗透比较、转化等数学思想方法，提高学生的数学思维。

三、活动准备

1. 物品准备：2人一杯豆子，各种容量的透明塑料容器，量杯，长方形纸盒。

2. 知识经验准备：

（1）100以内数的数法；

（2）重量、长短、高矮等的比较方法。

四、活动过程及设计意图

课前活动：讲故事

手妈妈有五个孩子：拇指、食指、中指、无名指和小拇指。这五个孩子互相配合，什么事都做得好。有一天，五个孩子争着请妈妈说，他们当中谁的本领最大。手妈妈想了想，说："你们看，这里有一堆豆子，你们谁能单独把它们捡起来，谁的本领就最大。"拇指、食指、中指、无名指和小拇指，不管他们怎样使劲，就是捡不起来。手妈妈笑了，说："你们一起来抓抓看怎么样？"五个孩子照办了，果然，一粒粒黄豆被捡了起来。五个孩子高兴地说："明白了，明白了。"

教师：你们知道他们明白了什么吗？

学生：互相配合，本领才最大。

环节一：初试比较多少——数豆子个数

1. 请伸出你的小手，让我们的五根手指相互配合，也来抓一把豆子试试吧。

（1）每人抓一把豆子，放到盒子里。

（2）抓的时候要轻轻地、慢慢地，不要掉出来。

（3）抓完后，剩下的豆子放在杯子里不动。

2. 五根手指一起帮助我们抓了许多的豆子，到底谁抓的豆子多，谁抓的豆子少呢？你们有办法比一比吗？

（1）同桌两人比一比（见图4-1）。

（2）时间一分钟左右。

图4-1 学生课堂活动（1）

3. 比出来了吗？说说你们是怎么比的？没比较出来的同学又是什么原因呢？

小结：我们用数一数的办法可以比较出谁抓的豆子多。

【设计意图】 尊重学生的原有认知水平和思考问题的方式方法，放手让学生自己根据以往的经验进行比较，在比较之后，让学生说说是怎么比的，为什么比不出来？引导学生反过来思考自己比较的过程，引发学生的思考与质疑，在动手的过程中发现数的办法确实好，但是太费时间，还容易数错。

环节二：再试比较多少——不数豆子个数

1. 有些同学觉得豆子小，数量多，不好数。那我们能不能帮助他们想想，除了数的办法，还有没有其他好办法能很容易地看出谁多谁少呢？

（1）同桌两人先商量。

（2）选择一种或者几种方法比一比。

2. 小组讨论。

3. 动手实验。

4. 学生作品展示：

（1）铺（见图 4-2）。

对于他们的这种方法，同学们有什么想问的吗？

预设：

a. 他们为什么往里移豆子？

b. 豆子有大有小怎么办？

c. 豆子间有空隙怎么办？

小结：把豆子密密麻麻地铺成一层，铺成我们熟悉的规则图形，如：近似的长方形、三角形，看谁占的地方大，谁就多。

图 4-2 学生课堂活动（2）

（2）分别倒到相同的两个杯子里（见图 4-3）。

追问：必须是同样大小的杯子吗？

如果高度差不多，那这个方法可以怎么改进？

（3）倒满一杯后，看剩余的豆子（见图 4-4）。剩余的豆子怎么比？

图 4-3　学生课堂交流（1）

图 4-4　学生课堂交流（2）

（4）用天平比较（见图 4-5）。

图 4-5　学生课堂活动（3）

（5）分别倒到同一个杯子里，看谁高谁就多。

他们的方法，你觉得怎么样，有需要提示他们注意的地方吗？

预设：为了看得更清楚，可以做标记。

（6）称重量（见图 4-6）。

小结：同学们想到了铺的方法；分开倒到两个同样的杯子里，看高度比较；倒满一杯后，比较剩余的豆子等方法。你们真的太厉害了。

5. 还有其他方法吗？谁来说一说？

学生想法：

（1）倒入水中，看水面上升的高度（见图 4-7）。

（2）放进同样的杯子，看杯子露在外面的高度（见图 4-8）。

图 4-6　学生课堂活动（4）

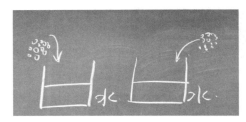

图 4-7　板书呈现学生想法（1）

图 4-8　板书呈现学生想法（2）

（3）同样的杯子，看杯子剩余的高度（见图 4-9）。

（4）分别倒到同一个杯子里，看谁高谁就多（见图 4-10）。

图 4-9　板书呈现学生想法（3）

图 4-10　板书呈现学生想法（4）

小结：比较豆子多少时，我们想到了许多不同的方法，都能够帮助我们很好地解决这个问题。在遇到问题时，我们要尝试更多的方法，试着选择合适的方法来帮助我们又快又好地解决问题。

【设计意图】 打破用数数这一方式来进行比较的思维定式，以开放性的大问题"除了数的办法，还有没有其他的好办法能让他们很容易的看出谁多谁少呢？"做引领，在老师不做任何干预的情况下，让学生完全释放自我，思维自由，在同伴一起思考的基础上展开实际的探究。对课上能进行验证的就放手让学生验证，不能验证的先提出想法，课下再验证。本活动主要解决课上能验证的一些方法，让学生对这些方法进行大胆的尝试、质疑、补充、验证。但是也没有忽略课上验证不了的方法，让学生充分的表达自己的想法，引导学生继续研究下去。本活动既能够让学生体会比较的思想，也能够发展学生批判质疑和勇于探究的精神。

环节三：总结收获

通过这节课的学习，你有哪些收获？

【设计意图】 收获不仅仅体现在知识的掌握和运用上，还有学生感受到实验带来的快乐、探究下去的欲望以及遇到问题时想办法解决的信念。

五、活动建议

1. 抓完豆子，同桌2人比较。
2. 独立思考除了数还有哪些办法可以比较后，2人组成一个小组展开尝试。
3. 边操作边讲解小组的方法，其他人提出质疑、补充。
4. 完善方法后可以再实验。

六、教师反思

学生的智慧是难以估量的。在设计本节实验课时，我依据自己的教学经验以及对学生在这个年龄段所学知识的了解，在参考教材的基础上预设了学生可能会想到的比较方法。但是在实际教学过程中，学生的想法给了我大大的惊喜，他们没有像我一样受到条条框框的限制，想出的方法远远超出了我的预期，有些方法甚至超出了二年级所学的知识范围。而这些思维火花的产生，正是因为给予了学生动手操作、大胆尝试的时间和空间。

对于一年级的学生来说，他们可能仅仅是想到了一种方法就说出来，没有考虑方法背后有没有道理；他们的语言可能稚嫩，甚至前言不搭后语；他们的想法可能过于单纯，甚至离题万里。但是这又有什么关系呢？他们没有缩手缩脚、犹豫不定，对于自己的想法他们或据"理"力争，或天马行空，但是只要发声，就有思考；只要有质疑，就会引发新的思考；只要参与，就有收获。其实，这就是学习应该经历的过程，也是学习真正发生的过程。

本主题活动的重点并不在于教给学生多少知识，而是让学生经历解决问题的过程，让学生乐于提问、勤于思考、勇于挑战、善于反思，在动手操作中感悟比较思想方法，体会数学的精彩与魅力。

七、点评

从设计意图上看，本节课意在为学生打开一扇窗，让学生看到生活中隐藏的数学世界，对数学学习产生浓厚的兴趣，从而产生探索的欲望。在探究的过程中，他们逐渐地被吸引，真正由被动的接受式学习转变为主动的自主性学习。

教学过程中，由一开始的数豆子的个数到后来不数豆子个数，每位学生都在经历着认识上和思维上的巨大转变，这对于一年级的小学生来说既是一个巨大的挑战，也是一次有趣的尝试。任课教师放手让学生去想、去猜、去实验，为学生的学习安上了翅膀，让学生的思维不再局限于数豆子上，而是转向这节课的数学本质——比较思想方法。

从探究的方式上看，老师只是在一开始提出了本节课的核心问题，"除了数的办法，还有没有其他好办法能让他们很容易地看出谁多谁少呢？"自此便放手让学生去自主探究，在学生的质疑、补充、建议中，逐渐发现问题解决方法的多样性，在不断的发问中启发学生深入思考，激发他们继续探究的欲望。

经历自主探究，发展有序思维
——以"设计小火车"为例

一、活动背景

有序思想方法就是指思维要有序，即在解决问题时，按照一定的顺序，有条理地、全面地观察和思考问题，使问题变得条理化、层次化，做到不重不漏。有序思想方法既是数学学习中一个非常重要的方法，也是生活中思考和解决实际问题的方法。对于低年级的小学生来说，受到认知水平和学习经验的限制，他们的思维方式相对天马行空，缺少逻辑，发散性有余而聚合性不足，因此，教师如何基于低年级学生的知识水平和认知特点，在教学活动中渗透有序思想方法，帮助学生形成数学思维，便成为一个重要而艰难的任务。

一年级上学期学生学习了数字，认识了图形，并且掌握了一些数字或图形的排列规律，"设计小火车"这节实验课就是在此基础上设计出来的。学生在认识数字的过程中，知道了数字的排列顺序，例如，后一数比前一个数多1、多2、少1、少2等规律。此外，在学习数字拆分时，教师已经初步渗透了有序思想方法，同时学生能够初步认识到不同的事物都有不同的属性，例如形状相同、颜色排序不同，排序后的种类也就不一样。本节课就是围绕"根据车厢颜色不同来设计出不同的小火车"这一核心问题来设计学习活动，发展学生的有序思维。

二、活动目标

1. 通过拼摆小火车的动手活动，体会相同的材料，拼摆顺序不同，结果不同的规律。

2. 通过拼摆小火车活动，进一步渗透有序思考的数学思想方法。

3. 通过展示拼摆小火车不同方法，帮助学生形成课堂常规意识，培养学生乐学善学和语言表达能力，营造课堂交流的氛围。

三、活动准备

1. 物品准备：教师提前打印（彩打）裁剪好的火车头、红车厢、蓝车厢、黄车厢、绿车厢，每个学生各一套。

2. 知识经验准备：

（1）认识并且会数1~10。

（2）初步了解有序思想方法。

四、活动过程及设计意图

【活动导入】

孩子们，你们在游乐场坐过小火车吗？坐小火车的过程中有什么感受，有什么想说的？请安安静静举起小手，谁保持安静，举手姿势标准，老师就请谁说。

预设：

（1）小火车跑得很快；

（2）小火车有些颠，但很刺激，我特别喜欢坐；

（3）小火车有好几节车厢，可以同时坐好几个小朋友；

（4）小火车五颜六色的，还有不同装饰的，会装饰成各种小动物的；

……

刚才许多同学说到了坐小火车的感受——很快很刺激，还注意到了小火车有好几节，还有漂亮的装饰和颜色。真是善于观察的好学生！

环节一：用火车头、红车厢、蓝车厢拼摆火车

1. 你们看，老师这里也有卡片做的小火车，你们能大声说出它的名字吗？

教师在展台上依次展示出火车头、蓝车厢、绿车厢、红车厢（见图4-11）。

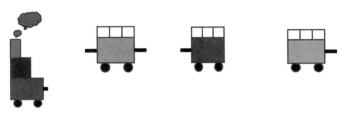

图4-11　教师课堂展示

2. 但是很可惜，现在这些还不是完整的小火车，今天，同学们的任务就是当一名小小工程师，用这些卡片来拼摆小火车。

活动要求：

（1）独立完成，请你用火车头、红车厢、蓝车厢拼摆小火车，看谁拼摆的方法多，先动动小脑筋，思考之后就动手摆一摆吧。

（2）完成之后和你的同伴说一说你的方法。

3. 学生动手操作。

4. 全班交流汇报。

同学们都完成了自己的小火车设计，在交流前先听听交流的要求：互相说一说你们设计了几种小火车，都是怎么设计的，为什么有不一样的，你从同伴身上学习到了什么？

预设：

（1）我只设计出了一种小火车（见图4-12），学生边摆边介绍。

（2）我设计出了两种小火车（见图4-13），学生边摆边介绍。

追问：对比两种火车，你发现有什么不同？

学生质疑：这两种不是一样的吗？怎么是两种呢？

学生互相交流自己的想法。

图 4-12　学生作品（1）　　　图 4-13　学生作品（2）

预设：

（1）这两个车厢颜色不一样，一个蓝色，一个红色。红色在前面蓝色在后面和蓝色在前面红色在后面，当然不同。

（2）我是这样想的，红车厢用 1 表示，蓝车厢用 2 表示。第一种小火车是 21，第二种小火车是 12，顺序不一样，所以这是两种不同的小火车。

5. 小结：你们真是善于观察，善于思考！确实，虽然是同样材料的车厢，但由于颜色不同，改变一下谁在前、谁在后就能得到不同的小火车。

【设计意图】 学生在拼摆完小火车之后，在交流中聚焦核心问题"不同颜色的车厢，排列顺序不同，是不是同一种方法"？让学生进行充分的质疑和讨论，关注到事物的不同属性会影响方法的不同。学生可以借助用序号、符号等方式来表示小火车，从而感受到不同。

环节二：用火车头、绿车厢、蓝车厢、红车厢拼摆火车（见图 4-14）

图 4-14　学习工具

1. 活动要求：如果我们把绿车厢也用上，用三节车厢再来拼一个更长的小火车，你能拼出哪些小火车？增加了一节，会有什么变化呢？先想一想，再动手试一试吧。小组合作完成。

2. 学生动手操作，小组合作。

3. 全班展示。

预设：

（1）我拼出了一种小火车。比如：车头—绿—蓝—红（见图 4-15）。

图 4-15　学生作品（1）

（2）我拼出了3种小火车，让第一节车厢分别是绿色、蓝色、红色，所以应该有三种不同的小火车（见图4-16）。

图4-16　学生作品（2）

学生质疑：第一节车厢是绿色的小火车不止一种啊？后面蓝色和红色车厢还可以换位置呢。

4. 学生再次尝试。

你们真是会思考问题！还真是，看来应该不止3种。你们再试一试。

预设：

（1）我感觉摆乱了，应该有很多。

（2）我是这样摆的，绿色的先排第一，红色和蓝色互换位置，一共两种，绿色的没有了；蓝色排第一，红、绿互换位置，有两种；红色排第一，蓝、绿互换位置，两种，一共6种。

（3）我用的序号方法：绿色是1、蓝色是2、红色是3。可以这样排：123、132、213、231、312、321，共6种（见图4-17）。

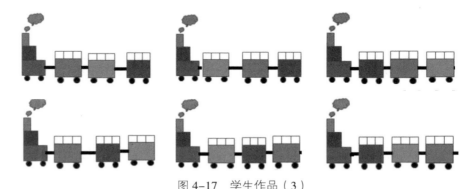

图4-17　学生作品（3）

对于（2）和（3）这两种方法，你有什么想说的，用这样的方法有什么好处？

预设：我发现它们都是有顺序的。

这样特别不容易丢，也不容易重复。这样的方法我们之前学过，叫

"有序思考"。

由于绿车厢的加入，我们拼出来6种款式的小火车。绿车厢不加入的时候，拼出了两种款式的小火车。想一想这是为什么？

预设：使学生体会，用的车厢越多，拼出的款式越多。

虽然因为绿车厢的加入，我们遇到了一些困难，但我们通过思考和共同努力解决了这个问题，思考问题时如果有序，就会更有条理，更容易。

【设计意图】 当车厢数量增加一个时，小火车的种数会增加很多，这也是困难之处。学生经过两次尝试后发现，要借助有序思想方法才能更容易解决问题。

环节三：课堂延伸

有序思考真是一个好方法。如果黄车厢也来加入（见图4-18），会有多少种款式的小火车呢？相信你们肯定有办法解决。请大家课余时间做一做。

图4-18 学习用具

五、教师反思

这节实验课是在学生学会初步用有序思想方法看待问题的基础上衍生出来的一节课，在有趣的任务驱动下，学生在拼摆小火车的过程中发现规律。从两节车厢到三节车厢的拼摆，学生不仅对于事物属性的认识更加清晰，对于有序思想方法也有了进一步的理解。学生在这个体验中有了自己的思考，提出了新的问题，抓住了解决问题的关键所在。对于知识部分，学生能够实现知识和方法的迁移，开拓了思维。每名学生都学在其中，也乐在其中，纷纷表示非常喜欢这样的实验课。同时对于一年级的学生来说，这样的课堂能够积极鼓励学生在课堂上勇于表达自己的观点，提出自己的质疑，学会课堂的规范表达。

六、点评

任课教师抓住学生的知识基础和认知特点，非常巧妙地渗透了有序思想方法。颜色鲜艳、外观小巧的火车头和车厢，一下吸引了学生的注意力，使得学生能够专注在学习任务中。在"设计小火车"这个核心任务中，从两节车厢，到三节车厢，再到课下研究的四节车厢，循序渐进，层层深入，学生们在动手操作的过程中，不断对有序思想方法进行深化理解和运用。在有趣的活动中，学生们手中有学具、心中有思考，不断摸索，不断调整，俨然成为一个个小小的设计师。对于低年级的学生，特别需要这种小而实的数学实验课。

本课的最后，可以增加"描绘图纸"的环节。教师为学生提供一列列没有涂色的小火车，请小设计师进行涂色，设计出不同款式的小火车。这样，学生们能够连贯地思考，对自己的整个设计活动有一个宏观的整体把握，也更有利于感悟有序思想方法。

探究数学本质，渗透模型思想
——"我的生日星期几"教学思考

一、活动背景

建模作为数学三大基本思想之一，在小学数学教学中也有所体现，即模型思想。《义务教育数学课程标准（2011年版）》对模型思想的内涵和过程已经有了比较清晰的阐释："模型思想的建立是学生体会和理解数学与外部世界联系的基本途径"，"建立和求解模型的过程包括：从现实生活或具体情境中抽象出数学问题，用数学符号建立方程、不等式、函数等表示数学问题中的数量关系和变化规律，求出结果并讨论结果的意义"。模型思想的形成有助于学生更好地理解数学本质，提高数学应用意识，感受数学的独特魅力。

"我的生日星期几"这一数学实验课活动是三年级学生在学习完第七单元"年、月、日"的基础上，认识平年、闰年之后衍生出来的。在课堂学完平年、闰年这一内容后，学生产生了许多与此相关的、感兴趣的问题。例如：为什么有平年、闰年的说法？为什么闰年时2月会比平年增加一天？2月增加的一天在生活中有什么影响？为什么我的生日每年都会变，有时周一，有时周日？等等。"我的生日星期几"就是根据学生在学习完教材知识后所产生的问题而设计的。

通过对该活动主题进行分析发现，该主题与学生们的生活息息相关，能够引起学生的兴趣，激发学生的学习欲望。同时，在前期问题调研时，发现学生们自己提出的问题都属于有价值的数学问题，是有挑战性的开放性问题，非常符合建模的过程。因此，本节课在进行教学设计时，将目标定位在经历建模过程、体会模型思想，学习活动的设计也贴近问题解决。

二、活动目标

1. 结合已有的生活经验，认识年、月、日及其关系，了解平年和闰年；会看日历，能够从日历中找到指定的日期。

2. 通过查找自己每年生日对应的是星期几，发现生日每年对应星期几的变化规律，并探寻规律产生背后的原因。在进一步观察对比中引发思考，发现不同的生日对应的星期几变化规律不同的情况，再次深入探究造成规律变化的根源。

3. 在解决问题的过程中经历建模的过程，并通过对问题的解决，促进学生在探究与质疑的过程中提出问题、解决问题的能力，体会模型思想，感受数学在生活中的应用价值。

三、活动准备

1. 物品准备：万年历（iPad），记录单（见表4-1）。

表4-1　记录单（1）

我的生日（　　）月（　　）日

项目	2018年	2019年	2020年	2021年	2022年
星期					

2. 知识经验准备：

（1）了解平年、闰年的相关内容，知道闰年2月是29天，平年是28天；

（2）知道一年中每个月的天数；

（3）能够进行一位数乘除法运算。

四、活动过程及设计意图

环节一：利用iPad中的日历，查找自己关心的生日每年对应的是星期几

1. 出示图片（见图4-19）：图片中的小朋友在做什么？你的生日是几月几日？

预设：小朋友们在过生日。自己也喜欢过生日，因为可以吃蛋糕，收到礼物……绝大多数学生都能知道自己的生日。

2．你今年的生日是在星期几过的呢？

图 4-19　学习情境

预设：

（1）学生认为自己每年都是在同一个星期几过生日；

（2）平年与闰年星期不一样；

（3）平年和闰年生日会往后推 1 天。

3．那到底应该是星期几过生日呢？咱们有一个同学提出了这样的问题。（出示学生课上提出的问题）咱们可以怎么来解决这个问题呢？

预设：查找日历看一看。

4．布置活动任务：

（1）查日历，填表格（见表 4-2）；

（2）仔细观察表格你有什么发现，标一标，画一画，请独立完成。

表 4-2　记录单（2）

生日是（　　）月（　　）日

项目	2018 年	2019 年	2020 年	2021 年	2022 年	2023 年
星期						

【设计意图】　根据在课堂教学过程中学生真实发生的问题，衍生出数学活动"我的生日星期几"。面对现实问题，鼓励学生在想办法的同时，体会建立模型解决问题的过程。因为在以往的数学学习中，学生已经知道了平年和闰年的天数不同，闰年比平年增加的 1 天放在了 2 月。此外，学生通过对近两年自己生日在星期几度过的回忆，感受到每一年过生日对应的星期几是有变化的，从而在提出问题的基础上激发探究、验证的兴趣与动力。在探索活动中通过利用 iPad，查找自己关心的生日每年是星期几，填写表格。在这个过程中，首先能够培养学生查找相关数据，用事实说话的意识。其次，学生在查找数据的基础上整理、记录查找到的结果，培养学生处理数据的能力。最后通过观察记录单，鼓励学生探索星期的变化规

律，初步感受由于平年、闰年的原因造成了这一现象。

环节二：仔细观察表格，发现其背后的原因

1. 静静地观察一下表格的内容，看看有什么发现？
2. 四人为一个小组，把你的发现说给同伴听一听？
3. 谁愿意分享自己的发现？

反馈：学生发现规律，出现两种不同的情形。

在交流中发现生日对应的星期几是变化的，第一种从平年到闰年星期几往后移动 2 天，从闰年到平年星期几往后移动 1 天；第二种从平年到闰年星期几往后移动 1 天，从闰年到平年星期几往后移动 2 天。

4. 同学们都发现了自己生日到底是星期几并不是固定的这一现象，看来平年、闰年还真是会给我们带来一定的影响。再仔细观察这两份记录，你们看看还有什么好奇或者可以继续研究的问题吗？

预设：学生再次观察，产生疑问，即变化的规律不同，有的同学是在闰年过生日时"星期几+1"，有的是在过完闰年之后的那个平年"星期几+1"。

追问：再次观察自己的记录表发现不同规律。

预设：

（1）平年与闰年的天数。

（2）月份的原因，当生日在 2 月 29 号之后，遵循平到闰 +2，闰到平 +1；当生日在 2 月 29 号之前，遵循平到闰 +1，闰到平 +2。

（3）天数与星期的关系。一周有 7 天，过生日需要等待一年，如果生日出现在 2 月 29 号之前，从平年到闰年不需要经过 2 月 29 号，需要等 365 天，从闰年到平年需要经过 2 月 29 号，要等待 366 天。

（4）365÷7=52（周）……1（天），366÷7=52（周）……2（天）。

【设计意图】 通过观察，全班学生都发现了自己生日对应星期几的变化，这样的变化使学生意识到，平年和闰年天数的不同导致了生日所在星期几的不同。学生尝试运用已有的"周期"经验，通过将一年的天数按照每周 7 天进行平均分之后，得到 52 周余 1 天或 2 天的情况，进而探寻出为什么星期几会产生变化的原因。在这个活动中，学生经历了问题解决的过程，在感受到成功的喜悦之后又激发了再次研究的兴趣，同时发现了对于不同时间过生日的同学，他们的周期规律出现的两种不同情况。这样的过程促进了学生批判质疑能力的提升。

环节三：查找闰年 2 月 29 号对应的星期几变化的规律

1. 2 月 29 日是星期几有怎样的变化规律呢？你能根据前面积累的经验大胆地猜测一下吗？

2. 查看日历，填写下面的表格（见表 4–3）。

表 4–3　记录单（3）

项目	2016 年	2020 年	2024 年	2028 年
星期				

3. 观察记录结果寻找规律。

预设：闰年 2 月 29 号星期往后移动 5 天。

【设计意图】 有了对自己生日星期几变化的探究经历，学生发现了 2 月 29 日这个特殊的一天所带来的影响，那么它自己又有什么样的规律呢？带着这样的问题，在第三个教学环节中安排了 2 月 29 日对应星期几变化规律的探索活动。在实际探究之前，先让学生根据之前积累的经验进行尝试性猜测，既增加了学习的趣味，同时让学生尝试经历先猜测、再验证的研究历程，学习在发现规律的基础上分析研究对象的特点，鼓励学生细心观察、有据分析、大胆猜想、严谨验证，经历简单的建模过程，体会模型思想。

板书设计如图 4–20 所示。

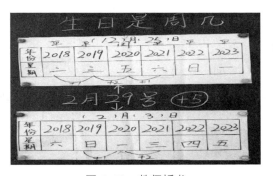

图 4–20　教师板书

五、活动建议

1. 独立完成任务：查找日历，填写记录单。

2. 观察记录单：将学生分为 4 人一个小组，以小组为单位互相观察记录单，交流发现的规律并尝试提出问题。

3. 展现不同规律的两组记录单，在明确各自记录单的规律后鼓励学生提出问题，并再次以 4 人为一组进行交流，探寻造成这一现象的根源。

六、教师反思

本主题活动是学生在学习了教材上关于"年、月、日"知识之后，根据学生自发提出的相关问题衍生出来的，是对学生关于年、月、日知识的进一步深化，能够帮助学生在解决问题的过程中更加系统地将年、月、日的相关知识纳入自己的知识结构中，同时，还建立了星期与年、月、日之间的关系。

本主题的问题真实地来自学生自发提出的问题，是学生在学习过程中产生的思考，因此将这样的问题作为数学实验课的活动主题学生兴趣盎然，同时这样的活动也促进了学生更多的思考以及对课内学习内容更深入的探究兴趣。整个活动中，学生面对自己提出的问题，经历解决问题的过程，从猜想到验证、从质疑到发现、从一个问题再到另一个相关新问题的产生，都从多种角度促进了学生的思维发展。

在本主题活动的学习过程中，学生一起经历了建模的全过程，从提出问题，到发现规律、建立模型，再到解决问题，激发了学生发现问题、解决问题的兴趣，提供学生深入思考、探索的机会，有利于学生感悟模型思想，体会数学精神，发现数学魅力。

七、点评

数学模型是数学三大基本思想之一，作为数学的语言，构建了数学世界与现实世界的桥梁，是联系数学与实际问题的纽带。数学建模是一个较为复杂的过程，模型思想也相对比较抽象。但是在本节课的学习过程中，教师引导学生从自己提出的问题出发，经历"理解情境—提出问题—构建模型—解决问题—解释结果"这一完整的建模过程，完成从现实问题到数学问题的转化，最后又回归到现实问题，很好地渗透了建模思想。

在教学过程中，每位学生的生日不尽相同，学生研究自己的生日是星期几也乐此不疲。随着研究的深入，一年有 365 天，闰年又有特殊情况，它们之间周期的规律直接影响到了每年的生日到底是星期几，学生发现变化中的规律竟出现一致性，由现象进入本质。

从知识结构上看，时、分、秒和年、月、日都属于计量时间的单位，对于这种生活中很常见，但又十分抽象的概念，学生一般情况下是通过任务驱动进行探究，并积极寻找它们之间关系的。

从课程的拓展方式上看，教师将问题提出作为数学学习活动的补充，鼓励学生发现并提出问题"我的生日是星期几？"，这种基于学生的需求以及真实问题展开的教学活动，对学生解决问题的表现和数学态度都有积极的影响，还为不同层次的学生创造了更多的机会，培养学生用数学的眼光认识世界，引导学生用数学的方法解决现实生活中的问题，发现数学的独特魅力。

打通知识网络，巧用转化思想方法
——"多边形内角和"教学实践

一、活动背景

转化思想方法是一种有效解决问题的数学思想方法，即在研究和解决数学问题时，采用某种手段将问题通过变换使之转化，进而使问题得到解决的一种数学思想方法。例如，将复杂的问题转化为简单的问题，将难解的问题转化为容易的问题，将没学过的问题转化为学过的问题。

四年级学生学习完"旋转与角"这一内容后，在课后练习题中借助撕和拼的方法，研究三角形和平行四边形内角和的问题。"多边形内角和"这一数学活动主题便是在此基础上衍生出来的。图形与几何是数学的四大内容领域之一，四年级学生已具有了一定的直观想象和逻辑推理能力，但是大多只是了解概念、记住公式，忽略了其中蕴含的数学思想方法，不能做到深度学习。

几何学习一般需要经历直观感知、操作确认、推理论证、度量计算四个学习路径，领会几何学习的本质。"多边形内角和"的主题活动，与三角形和四边形的内角和，在解决方法上有异曲同工之妙。因此，我对"多边形内角和"一课设计相应的教学活动，重点引导学生归纳探究三角形内角和的过程和方法，将多边形内角和问题转化为三角形和四边形内角和问题，体会转化思想方法在解决问题中的作用。

二、活动目标

1. 通过剪、拼等直观操作活动，探索并发现三角形内角和等于180°，发展动手操作、观察比较的能力。

2. 通过建立多边形与三角形之间的关系，探寻多边形内角和的特征，培养学生的创新思维。

3. 在亲历探索发现的过程中，运用转化思想方法解决没学过的问题，体验数学思考与探究的乐趣。

三、活动准备

1. 物品准备：三角形、四边形、五边形、六边形若干。

2. 知识经验准备：

（1）知道1°角的由来及定义；

（2）掌握锐角、直角、钝角、平角、周角的相关知识；

（3）知道角与角之间的关系；

（4）了解三角形的分类。

四、活动过程及设计意图

【引入环节】

教师：目前我们学习过的都是单独的一个角，但是在我们的实际生活中遇到的图形往往有多个角，例如三角形有三个角、四边形有四个角，等等。那么每种图形上的这些角之间有什么样的关系呢？让我们一起去看看吧！

教师：我们就从三角形开始吧。你们觉得三角形的三个角之间有什么关系吗？

预设：

（1）三个角大小不一样；

（2）有两个角大小一样，例如三角板；

（3）三个角加起来是180°。

教师：那到底是什么样呢？我们一起来试一试，先来看看活动要求。

环节一：探究三角形的三个角之间的关系

1. 把三角形的各个角撕下来拼在一起（见图4-21），你有什么发现？

2. 两人一组，以小组为单位，互相观察，交流各自的发现，并尝试提出问题。

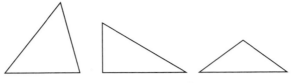

图 4-21 学习任务

教师：注意，撕下来的三个内角你是怎样拼的？在对它们进行拼接时，需要注意什么？

预设：顶点重合，角的边重合。

教师：三个角的顶点重合在一起，就拼成了一个什么角？是多少度？

预设：

（1）把三角形的三个角撕下来再拼到一起，发现不论是什么形状的三角形，三个角拼接后形成的都是平角。

（2）剪下其中两角，与第三个角拼在一起，发现是一个平角，即为 $180°$。

（3）用三个完全一样的三角形，将不同角拼在一起也会得到三角形内角和为 $180°$。

3. 反馈如图 4-22 所示。

图 4-22 学生作品（1）

【设计意图】 学生通过剪、拼等活动，亲自尝试操作，能够直观地感受到平角、周角与锐角、直角和钝角的大小关系，进一步认识平角和周角，也为后续探索多边形内角和积累活动经验。在这个过程中，激发了学生主动探究的兴趣，学生的研究意识从被动变为了主动，真正实现了课堂教学形式的转变，由"教师教"转变为"学生学"。

环节二：研究多边形内角和问题

教师：你们还有什么想要研究的问题吗？

预设：

（1）其他图形的几个角拼到一起会是什么样的呢？

（2）其他图形的角也能拼成一个平角吗？

教师：好的。那接下来，同学们尝试研究一下其他多边形的角的规律。

预设1：从平行四边形、长方形、正方形这些已经学过的图形入手，基于刚才的活动经验，继续通过撕和拼发现，四边形的四个角可以拼成一个周角，包括不规则的四边形，也同样具备这样的特点。

反馈如图4-23所示。

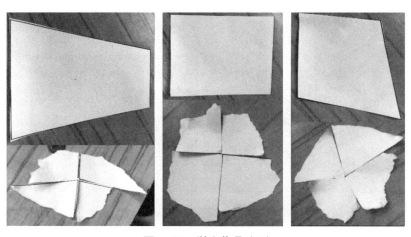

图4-23 学生作品（2）

预设2：对于五边形及边数更多的多边形，无法通过撕和拼得到结果。

反馈如图4-24所示。

图4-24 学生作品（3）

环节三：想办法求得五边形五个角加到一起是多少

预设1：继续沿用撕和拼的方式，通过将其中的一个角撕成更小的角来拼补，从而探寻最终结果（见图4-25）。

图4-25 学生作品（4）

预设2：对五边形通过作图进行分割，寻找五边形与三角形的关系（见图4-26）。

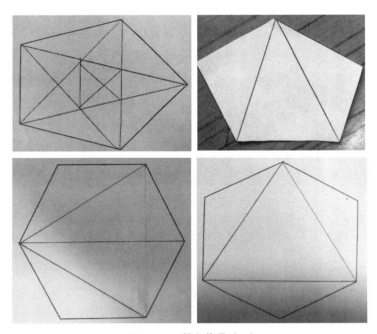

图4-26 学生作品（5）

【设计意图】 学生仍想通过撕和拼的方法解决，但是在操作中发现，五边形五个角撕下来拼到一起是一个比周角还大的角，学生利用同一方法已经无法解决这一问题。此时，学生需要开拓思维，寻找新的解决方法。例如，将五边形问题转化为三角形和四边形问题，或者将撕和拼的方法进行转化，使之能够解决五边形问题。学生在动手操作的过程中，历经探究、发现、思考、分析、归纳等思维活动，分析三角形、四边形和五边形内角和问题之间的异同之处，能够利用旧经验解决新问题，学会转换思维，体会转化思想方法的作用。

五、活动建议

1. 独立思考，完成任务：把三角形的各个角撕下来拼在一起，你发现了什么？

2. 将学生分为两人一个小组，以小组为单位，互相观察，交流各自的发现，并尝试提出问题。

3. 将学生分成4人一个小组，合作交流，探寻多边形内角和问题。

六、教师反思

（一）引导学生在已有的知识经验基础上进行自主探究

新课标提出，在进行数学的教学过程中，教师应当站在学生的立场上，通过他们已经了解的东西，为他们营造出良好的学习环境，帮助他们进行自主性学习。在本堂课中，教师着重由学生所熟悉的三角形入手，随后由特殊扩展到一般，判断所有的三角形是否都具有内角和为180°的性质，这一过程将学生的思考引向深处。

在探究的过程中，引导学生自主地发现问题、解决问题，在动手操作过程中总结解决问题的方法，例如通过撕和拼的方式解决三角形内角和问题。同时，在动态的教学过程中，努力培养学生深入探究、归纳总结的能力，为他们后续的自主性学习打下坚实的基础。

（二）帮助学生在实践探索中建立知识联结，体会转化思想方法

在学生遇到新的问题后，教师给出一定的时间让他们自主学习讨论、交流，让他们在实际的操作过程中，了解到三角形内角和的性质。接着，逐步构建，利用撕、拼的方法研究四边形、五边形等多边形内角和的问题。

在"空间与图形"这一部分的教学过程中，不仅要注重演绎推理，还要重视合情推理。学生在"空间与图形"的学习过程中，要不断地进行观察、比较、分析、推理、总结的过程，才会得到正确的答案。比如，在圆的认识中，根据圆具有的轴对称性，得出垂径定理和相关的推论内容；根据圆具有的旋转对称性，得出圆当中的弦、弧以及圆心角三者的关系，等

等。学生通过观察度量、实验操作、图形变换等理解图形的性质之后，还要掌握相关性质的证明过程，把实际操作和逻辑推理联系在一起，利用各种方法探索图形的性质，这样不仅有利于加快学生空间观念的形成，而且有利于培养学生的合情推理能力。

七、点评

数学知识是存在着一定联系的，任课教师非常巧妙地利用这一点，在课堂教学中渗透转化思想方法，引导学生借助旧知识的学习经验，找到思维的突破口，更好地学习新知识、解决新问题。

本课的内容应属于四年级下册"探索三角形内角和"的内容，在本次数学活动之前，学生已经能够借助于旋转认识角，从动态的角度理解角的概念，并且已经有过通过观察、操作、类比、归纳等一系列活动探究问题的经验。因此，本节课设计的数学活动非常适合渗透转化思想方法。在本节课中，教师引导学生探索三角形内角和和四边形内角和问题，一方面是对学过的知识和方法进行回顾，另一方面能够在动手操作过程中总结多边形内角和的规律。在活动的最后，学生需要探索五边形内角和问题，五边形相较三角形和四边形而言更为复杂，也难以直接用撕、拼内角的方式解决问题，因此，便自然而然地需要学生将撕下来的内角进行再次分解、拼接，或者将五边形转化为三角形，借助转化思想方法来解决问题。从三角形到四边形，再到五边形，循序渐进，层层深入，学生在解决问题的过程中，逐渐学会将陌生的问题转化为熟悉的问题，将旧的方法转化为新的方法，体会到转化思想方法的力量。

以形助数，见数想形

——"多彩的'分数条'"一课的思考

一、活动背景

数和形是数学研究的两个主要对象，一方面可以借助直观、形象的图形将抽象的数学概念和复杂的数量关系简单化，另一方面可以用简单的数量关系表示复杂的图形规律。数形结合思想方法是思考和解决问题的基本方法，借助"数"的严谨性与"形"的直观性帮助学生学习与解决数学问题。数学家华罗庚曾精辟地概括了数形结合思想方法的内涵，"数与形，本是相倚依，焉能分作两边分，数缺形时少直觉，形少数时难入微，数形结合万般好。"在小学阶段，数形结合思想方法既是一种重要数学思想，也是解决问题的重要方法。它根据数和形的对应关系，进行数和形的相互转化，帮助学生实现对小学数学知识与方法的建构，提升学生的数学思维水平。

"多彩的'分数条'"就是一次很好的渗透数形结合思想方法的综合与实践活动，通过制作彩色分数条，在数与形之间建立联系。它一方面可以使学生进一步丰富对 $\frac{1}{2}$、$\frac{1}{4}$、$\frac{1}{8}$ 和 $\frac{1}{16}$ 等简单的单位分数的认识，另一方面也有助于学生在活动过程中进一步感受数学知识之间的内在联系，增强体验数学学习的多样性和趣味性。同时，通过这样的实践活动也能拓展学生的运算范围，加强学生的应用意识，运用所学到的数学，去解决现实中的问题，培养学生独立思考、发现问题并予以解决的创新意识。

三年级的学生已经初步认识了分数，知道分数是把一个物体平均分成若干份，取其中的几份就是整个物体的几分之几，在前面的学习中已经初步了解了分数之间的关系，但掌握不够深刻。"多彩的'分数条'"就通过用若干个 $\frac{1}{2}$、$\frac{1}{4}$、$\frac{1}{8}$ 和 $\frac{1}{16}$ 的彩色"分数条"凑"1"以及对"1"清零等综合实践活动来给学生创造一次再认识 $\frac{1}{2}$、$\frac{1}{4}$、$\frac{1}{8}$ 和 $\frac{1}{16}$ 的机会，直观体会 $\frac{1}{2}$、$\frac{1}{4}$、$\frac{1}{8}$ 和 $\frac{1}{16}$ 与 1 之间的关系，从而发展数感。把分母不同的分数凑成"1"或者对"1"清零，进行的是异分母分数加减法运算，只是没有出现算式，不按法则计算，而是利用"分数条"进行计算，并表示出结果。这样的操作，是今后探索异分母分数加减法计算方法和教学活动的基础，能够为今后的学习积累活动经验。

二、活动目标

1. 学生在用表示不同分数的彩条铺满"1"（抢1）以及从"1"里面逐次拿走表示不同分数的彩条（清0）的活动中，进一步感受几分之一与几分之一、几分之一与几分之几，以及几分之一、几分之几与"1"的内在联系，丰富并加深对分数的认识。

2. 学生在抛正方体选择分数，根据分数选择彩条，以及根据需要将彩条进行等量替换的过程中，初步感受事件的随机性，逐步增强对分数大小的判断力，丰富解决问题的经验，锻炼思维的灵活性。

3. 学生在制作彩条、合作游戏的活动中，体会数与形之间的相互转化和紧密联系，感悟数形结合思想方法，认识到数学的价值。

三、活动准备

长、宽相等的四根颜色不同的纸条，一根白色纸条，小正方体，剪刀，尺子，记号笔。

四、活动过程及设计意图

环节一：制作"分数条"，做好游戏准备。

教师出示一根白色长方形直条（见图 4-27）。

$$\boxed{1}$$

图 4-27　学习情境

核心问题：如果这根长方形直条表示"1"，你怎样得到 1/2？如果要得到 1/4 又该怎样做？在这之后又怎样得到 1/8、1/16 呢？

1. 制作"分数条"，感受分数之间的内在联系。

用手中的彩色长方形直条折一折，剪出这些分数对应的彩条。

汇报交流：你是怎样得到这些分数的？

演示制作这些分数的过程：对折一次，平均分成两份，每份代表它的 $\frac{1}{2}$；对折两次，平均分成四份，每份代表它的 $\frac{1}{4}$；对折三次，平均分成八份，每份代表它的 $\frac{1}{8}$；对折四次，平均分成十六份，每份是它的 $\frac{1}{16}$。从上往下按从大到小的顺序依次贴在黑板上（见图 4-28）。

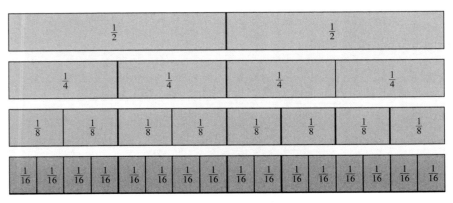

图 4-28　教师教学演示

观察黑板上贴出的"分数条",你有什么发现?想一想,1里面有几个$\frac{1}{2}$呢?又有几个$\frac{1}{4}$、$\frac{1}{8}$、$\frac{1}{16}$呢?

继续折一折,剪一剪,你还能得到哪些分数呢?

2. 点明研究主题,激发学生的探索欲。

今天我们来用这些"分数条"做一些游戏,在游戏中探索与分数相关的知识。

【设计意图】 通过制作"分数条"的活动,使学生在图形的直观比较中对比各个分数与1之间的关系,促使学生进一步感受1里面有2个$\frac{1}{2}$、4个$\frac{1}{4}$、8个$\frac{1}{8}$和16个$\frac{1}{16}$,在这个过程中,把学生对分数的已有认识进行初步的抽象,为后面活动提供物质和认识上的基础,也使学生在交流中加深了对于分数的认识,发展了数感。

环节二:自由"铺1"

1. 活动要求

用刚才得到的"分数条"自由组合,将自己手中的"1"(白色纸条)铺满,看谁的白条上铺出的彩色多。铺满后和同桌说一说用了哪些"分数条"铺满"1"的。

2. 交流展示

展示用2个$\frac{1}{2}$铺满白条的情况。从铺出的情况来看,2个$\frac{1}{2}$是几?如果拿掉一个$\frac{1}{2}$,还可以用哪些"分数条"将剩余部分铺满?

从你的铺法里,你还知道了哪些分数之间的关系?引导学生感受2个$\frac{1}{4}$是$\frac{1}{2}$,2个$\frac{1}{8}$是$\frac{1}{4}$,2个$\frac{1}{16}$是$\frac{1}{8}$。

【设计意图】 通过自由"铺1"的活动,使学生继续感受1里面有2个$\frac{1}{2}$、4个$\frac{1}{4}$、8个$\frac{1}{8}$和16个$\frac{1}{16}$。同时,初步尝试对"分数条"进行等量代换,学生在代换过程中深入体会$\frac{1}{2}$、$\frac{1}{4}$、$\frac{1}{8}$、$\frac{1}{16}$之间的内在联系,学生的数感在实际操作中逐步增强。

环节三:"抢1"游戏。

1. 制作游戏用的骰子。

在正方体的六个面上标注2个$\frac{1}{4}$、2个$\frac{1}{8}$、2个$\frac{1}{16}$,相对的两个面上标相同的分数。

2. 游戏规则

（1）两人一组做游戏，轮流掷正方体，落下后朝上的面是哪个分数，就把表示这个分数的彩条铺在表示"1"的白条里；

（2）最后一次掷出的分数，如果在白条里铺不下，则投掷无效，等下轮继续投，直到正好铺满1为止；

（3）谁先把自己的1铺满，就赢得1分；

（4）玩5次，得分高的人获胜；

（5）第一次投掷骰子，分数大的人先开始。

【设计意图】 在"抢1"游戏中，学生面对真实的游戏情境，会发生很多无法预知的情况，能够激发学生的深入思考以及与同桌合作解决问题的意识，丰富对简单分数之间关系的认识，使思维更加积极活跃，为后续探索异分母分数减法积累活动经验。

环节四："清0"游戏。

1. 用两个表示 $\frac{1}{2}$ 的彩条把"1"铺满；

2. 首先投掷骰子，决定谁先开始游戏；

3. 两人依次轮流投掷骰子，朝上的面是哪个分数就从自己的彩色纸条中拿走相应长度的彩条；

4. 如果最后一次投掷出的分数比剩下的彩条代表的分数大，则无效，等下轮再投，直到全部拿走为止；

5. 谁先拿走得1分，玩儿5次，得分高的人获胜。

6. 学生示范游戏。

（1）选一学生投掷骰子，若投出 $\frac{1}{8}$，怎么办？谁能帮他想个办法？

（2）同桌交流不同的换法。

（3）展示不同的成果。

① 把1个 $\frac{1}{2}$ 换成4个 $\frac{1}{8}$；

② 把1个 $\frac{1}{2}$ 换成1个 $\frac{1}{4}$ 和2个 $\frac{1}{8}$；

③ 把1个 $\frac{1}{2}$ 换成8个 $\frac{1}{16}$；

④ 把1个 $\frac{1}{2}$ 换成2个 $\frac{1}{4}$；

根据类似方法进行上述"清0"游戏。

与同桌说一说，通过本次实验活动，对分数有了哪些认识？有什么体会？

【设计意图】 通过"清0"游戏，学生尝试用不同的方法把一个较大的分数替换成若干个较小的分数，强化了对分数之间关系的灵活合理的运用，在游戏示范中获得灵感，开发出更多的方法，积累了更多的分数代换经验。

五、活动建议

1. "抢1"游戏的核心是把不同的分数逐步累加到1，这样就在实验活动中融入了分数的加法；而清"0"游戏是从"1"里面逐渐拿走不同的分数，直到为"0"结束，融入了分数的减法。

2. 本课活动进行完之后，可以将直条"1"变细，抽象成"数轴"，分别找到$\frac{1}{2}$、$\frac{1}{4}$、$\frac{1}{8}$、$\frac{1}{16}$，便于今后学习数轴时有更加丰富的经验。

3. 还可以拓展更多的"分数条"，比如分母是奇数的"分数条"，这时可以借助尺子测量的方式来准备"分数条"。

六、教师反思

综合与实践活动激发学生参与的积极性，使学生不由自主地结合生活中已有的游戏经验展开实验活动，活动中应充分尊重学生的探索方式，发现游戏中的新问题，从而自觉产生修正、调整游戏规则的愿望，使学生经历有目标、自主的实践探索过程，真正实现在游戏中发现问题、解决问题，在游戏体验中发展数感，在动手操作中增强游戏的感受经验，在解决问题中升华问题意识。

分数的认识对学生来说具有一定的挑战性。活动中为学生提供了多次动手操作、自主探究、合作交流的机会，引导学生在制作分数条活动、"抢1"和"清0"游戏中建立分数与彩条的联系，形象直观地体会1与$\frac{1}{2}$、$\frac{1}{4}$、$\frac{1}{8}$、$\frac{1}{16}$之间的关系，以及这些分数之间内在的特殊联系，让学生在充分的数形转化中认识分数本质，在动手操作中积累经验，在游戏活动中体验数学、感悟数学，激发数学的创造潜能。

七、点评

"数形结合"这一重要的数学思想方法在本课中落实得非常到位。教师引导学生利用数形结合思想方法思考问题、解决问题，将抽象的分数问题转化为直观形象的彩条信息，将分数直观化，加深了学生的理解，提升了学生的学习效率。首先制作分数条，化抽象为具体。这一活动给抽象的分数赋予了形状与色彩，使之变得直观可操作。在游戏中，数形完美结合，对分数的探究学习变得更有意思。其次，数形结合发生在教学的全过程。在"铺1""抢1""清0"的一系列游戏中，学生通过掷数、摆形、悟数量关系等，做到见数想形、以形助数、数形统一。这不仅加深了对数的认识，更感悟到数量间存在的关系，发展了数学思维能力，为后续学习积累了经验。

先猜后证，发展学生的推理能力
——以"正多边形的对称轴"为例

一、活动背景

推理既是一种能力，也是一种思想。在《义务教育数学课程标准（2011年版）》中对推理能力进行了较为清晰的界定，"推理是数学的基本思维方式，也是人们学习和生活中经常使用的思维方式。推理一般包括合情推理和演绎推理，合情推理是从已有的事实出发，凭借经验和直觉，通过归纳和类比等推断某些结果；演绎推理是从已有的事实（包括定义、公理、定理等）和确定的规则（包括运算的定义、法则、顺序等）出发，按照逻辑推理的法则证明和计算。在解决问题的过程中，两种推理功能不同，相辅相成：合情推理用于探索思路，发现结论；演绎推理用于证明结论。"史宁中教授将推理思想视为数学三大基本思想之一，它能够体现出数学的严谨性。他认为推理就是从命题判断到命题判断的思维过程，而逻辑推理就是从一些前提或者事实出发，依据一定的规则得到或者验证命题的思维过程。

"正多边形的对称轴"这一数学实验课活动是学生在学习了五年级数学上册"轴对称的再认识（二）"的基础上衍生出来的。学生已经对轴对称相关概念有了初步的认识，能够判断一个图形是否是轴对称图形，也有了画出图形对称轴的经验。但是如何跳出教材，挖掘学生画对称轴这一相对简单、机械的操作行为背后更多的生长点，是数学教师需要思考的问题。因此，我设计了"正多边形的对称轴"这样一节实验课，在画简单图形对称轴的基础上，延伸出正五边形、正六边形、正八边形、正n边形的对称轴情况，力求在归纳总结正n边形对称轴的数量以及位置的过程中发展学生的猜想、验证、迁移能力，积累猜想验证与归纳总结的学习经验，为后续三单元的倍数特征中所用到的猜想验证与七单元可能性单元中所用到的归纳推理做铺垫。

二、活动目标

1. 掌握正多边形对称轴的画法和数量，了解正多边形对称轴的位置，总结出正多边形有几条对称轴。

2. 加深学生对轴对称图形特点的理解，通过对正 n 边形对称轴数量以及位置的猜测过程培养学生的归纳推理能力和猜想验证的能力。

3. 在归纳总结得出正 n 边形的对称轴数量及位置的基础上，增加条件"当 n 是无限时可能是什么图形"，通过这样的问题发展学生的迁移能力，渗透极限思想方法。

三、活动准备

1. 物品准备：每人一套包含三角形、正方形、正五边形等基本图形在内的卡片，活动记录单，直尺，铅笔等。

2. 知识准备：

（1）判断一个图形是否是轴对称图形；

（2）画出一个图形的所有对称轴。

四、活动设计及设计意图

环节一：由正三角形、正方形引入课题，回顾旧知

等边三角形又叫正三角形，谁还记得它有几条对称轴？（3条）

正方形有几条对称轴？（4条）

你还能提出什么新的问题吗？

预设：

（1）正五边形有几条对称轴？正五边形对称轴的位置在哪？正五边形对称轴怎么画？

（2）正六边形有几条对称轴，对称轴的位置在哪？

【设计意图】 通过画出正三角形、正方形全部对称轴的活动，回顾、复习对称轴的画法，唤醒学生找图形对称轴的经验，为后续的学习做好铺垫。

环节二：从正五边形入手探究正多边形的对称轴

正五边形有几条对称轴？它们的位置在哪？请你把猜想写在学习单上。

预设：正五边形有 5 条对称轴，它们的位置都在连接顶点与底边的直线上。

现在我们一起来验证正五边形的对称轴数量和位置，请你在数学作业纸上画出正五边形的所有对称轴。看看你能有什么发现。

预设：

（1）正五边形有 5 条对称轴。

（2）正五边形的对称轴都是由顶点引出的，每个顶点都能画出一条对称轴。

（3）正五边形的对称轴在顶点和对边中点的连线上。

刚才我们研究了正五边形，那正六边形有几条对称轴？它的对称轴在哪？从 6 个顶点出发能画出 6 条，是吗？把你对正六边形的对称轴数量以及位置的猜想写在学习单上，试一试。

预设：

（1）正六边形有 6 条对称轴，它们的位置在对顶点的连线上；

（2）正六边形有 3 条对称轴，因为正六边形每个顶点都有它的对顶点。

追问：这个猜想你是怎么想到的？（根据正五边形对称轴的数量以及位置联想到的）

验证你对正六边形的对称轴数量与位置的猜想，看看你还能有什么新的发现吗？

预设：

（1）正六边形有 6 条对称轴。

（2）正六边形的对称轴和正五边形的位置不一样，按照正五边形从顶点出发只能画出 3 条对称轴。

（3）正六边形另外 3 条对称轴在对边中点的连线上，正六边形的确有 6 条对称轴。

小结：猜想不论对错，刚才的这位同学根据正五边形对称轴的数量和位置提出了猜想，他的猜想为我们提供了一个解决问题的好方向。

【设计意图】通过对正三角形、正方形、正五边形对称轴位置及数量的猜想与验证，培养学生大胆猜想、小心验证的数学素养，体会猜想的好坏不在于猜想结果的对错，猜想评判的方式仅是对猜想本身而言的，不关乎结果的对与错。有事实、讲依据就是一个好的猜想。

环节三：回顾正三角形、正方形、正五边形、正六边形，总结规律（见图 4-29）

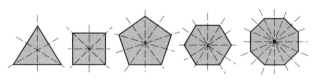

图 4-29　教师教学演示

1. 仔细观察正三角形、正方形、正五边形、正六边形、正八边形对称轴的数量以及位置，正 n 边形有几条对称轴？它们的对称轴在哪？

（1）有 n 条；

（2）当 n 是奇数时，对称轴在顶点与对边的连线上；

（3）当 n 是偶数时，对称轴一半在相对顶点的连线上，另一半在对边中点的连线上。

2. 咱们的发现正确吗？如何验证？回到正三角形、正方形、正五边形、正六边形中看一看，检查一下。

【设计意图】　通过观察正三角形、正方形、正五边形、正六边形、正八边形对称轴的数量以及位置，总结对称轴数量与边数的关系，归纳它们的对称轴所在位置，猜测并验证正 n 边形对称轴的数量以及位置。

环节四：极限思想，联想成圆

由正 n 边形有 n 条对称轴你还能联想到什么？

（1）当 n 无限大时，它有几条对称轴？无数条？当 n 无限大时这个正多边形是什么图形呢？（圆）

（2）n 是有取值范围的，最小是 3，最少 3 条边才能形成一个基本图形。

【设计意图】　打破数字的限制，增加条件，正 n 边形当 n 无限大时它的对称轴有几条？可能是什么图形？在尝试、归纳总结的基础上，充分调动学生的数学思维，渗透推理思想和极限思想方法。

五、活动建议

1. 在每次画对称轴之前先让学生进行猜想，然后再进行验证，大胆猜想，小心验证。

2. 让学生充分观察正三角形、正方形、正五边形、正六边形对称轴的数量及位置规律，归纳总结发现规律需要时间。

3. 探索正 n 边形的环节，要给学生提出问题与解决问题的机会，虽然有些问题现阶段解决不了，但是学会提出数学问题本身就是一项非常有价值的数学活动。

4. 极限思想方法不要求全部学生掌握，渗透即可。

六、教师反思

本课程重点在于教会学生数学技能，发展归纳推理的数学素养。本节课在五年级上册教材"轴对称的再认识"的基础之上，以实验的方式进行衍生。推理方式也由之前学生接触较多的演绎推理变为归纳推理，和本学期"可能性"单元的推理方式有所联系，能够间接地为"可能性"单元理解推理方式做铺垫。

"正多边形的对称轴"一课着重发展学生的猜想验证、归纳总结能力。此方面学生经验较少，不同学生之间存在明显差异。这是本学期学生第一次真正接触以猜想与验证为主要目标的课，学生的经验不足。虽然有些学生猜想得很精彩，但是还有些学生的猜想不着边际或过于局限。无论猜想水平如何，所有学生都经历了猜想与验证的完整过程，这是对猜想验证活动的一次重要的经验积累。学生在反复验问的过程中，不断调整猜想，归纳总结出正 n 边形的对称轴数量及位置。此外，当条件发生变化时，部分学生已经有了极限思想方法的初步模型，学生的思维得到进一步发展，给了我一个巨大的惊喜。

通过课后访谈发现，学生很喜欢这样手脑并用、有挑战性的课堂。他们反映，操作活动变得更多了，通过验证发现猜想是不完备的，仍然有机会做出调整和改正，极大地增强了他们学习的兴趣和自信心。

七、点评

推理是数学的基本思维方式，也是学习和生活中经常使用的思维方式。推理能力是小学数学核心素养之一，推理能力的发展应贯穿在整个数学学习过程中。本课由正三角形、正方形的对称轴引发学生对正多边形对称轴的数量与位置的不断深入研究，最后通过引导学生观察研究过的正三角形、正四边形、正五边形、正六边形、正八边形对称轴的数量以及位置，对正 n 边形对称轴的数量以及位置进行猜测，总结它们与对称轴数量的关系，归纳对称轴所在位置的特点，进而总结归纳出正 n 边形对称轴的数量与位置的关系。在这一活动过程中，学生经历了一次完整的推理过程，这种经验是不可能仅仅通过感觉经验能够掌握的，这是对学生活动经验的极大丰富，也是对推理思想的又一次体会、感悟。

化曲为直　化圆为方，初识极限思想方法
——"多变的圆"教学实践与反思

一、活动背景

极限思想方法是近代数学的一种重要思想方法，是指用极限概念分析问题和解决问题的一种数学思想方法。极限思想方法是社会实践的产物，是从现实生活中衍生出来的思想和方法，在近代数学中有着极其重要的地位。在小学数学学习过程中，逐渐渗透极限思想方法，帮助学生形成关于极限问题的初步认识，既有利于学生下一阶段的数学学习，也有利于学生学会用数学的眼光看世界，建立数学与现实生活的紧密联系。

"多变的圆"这一数学活动主题是学生在学习完"圆的认识"和"圆的周长"之后，学习"圆的面积"之前开展的。之所以安排在这个时间段进行，是因为学生从学习直线图形的面积到学习曲线图形的面积，无论内容本身，还是研究方法都是一次质的飞跃，对学生的思维是一个较大的挑战。本节数学实验课涉及对圆的分解，是想让学生借鉴学习圆的周长时"化曲为直"的研究方法，来渗透研究曲线图形面积的"化圆为方"的方法，从而帮助学生建立直线图形与曲线图形的内在联系，培养学生的极限思想，为后续学习圆的面积以及圆柱、圆锥等知识奠定了基础。

二、活动目标

1. 通过圆的分割、重组活动，巩固圆的相关知识与方法，深化理解。

2. 在学习活动中，积累操作经验，学习"化圆为方"的解题方法，感受极限思想方法。

3. 在解决问题的过程中培养猜测、质疑、尝试的素养，提升问题解决能力。

三、活动准备

1. 物品准备：每人准备至少 3 个圆形纸片、直尺、剪刀等活动工具。

2. 知识经验准备：

（1）了解圆的基本特征以及圆周率的知识；

（2）理解"化曲为直"的研究方法。

四、活动过程及设计意图

我们已经认识了圆，了解了圆各部分的名称。今天，我们上一节数学实验课，请同学们来进一步研究圆。

环节一：确定研究任务

说一说，你想研究些什么？把你想要研究的问题记录下来。

预设：

（1）圆大还是正方形大？

（2）圆里面有直边图形吗？

（3）圆能分成直边图形吗？

（4）圆能剪成什么样的图形？

（5）如何得到圆的面积？

……

汇总问题，把相同问题归类。

【设计意图】 教师根据学生在课堂学习过程中产生的问题进行衍生，开发出实验活动课"多变的圆"。面对学生提出的这些问题，教师要鼓励学生在已有知识经验的基础上思考解决问题的方法。在课堂学习过程中，学生已经知道了圆的基本特征以及各部分名称等知识点，并且在求圆的周长时接触到了"化曲为直"的方法。有了这些知识和研究方法积淀，学生才能够提出有价值的数学问题，并且产生进一步探究、验证的兴趣。此外，在活动中通过对所提出的问题进行归类，选择有价值的数学问题进行探究，来培养学生的问题意识，学会提出好问题、真问题。

环节二：将圆形转化成平行四边形

活动要求：请你将圆进行分割，分解成若干个小图形，简单记录你的分解过程和结果。可以自己进行研究，也可以找小伙伴一起研究。

1. 学生独立思考，借助手中的学具动手试一试。

2. 全班交流：说一说你看懂了哪种方法？猜一猜他是怎么想的？

预设：将圆形等分，再拼接为近似的平行四边形。

学生作品展示如图 4-30 所示。

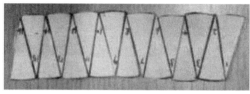

图 4-30　学生作品（1）

3. 没有拼成功的同学说说你在拼的时候遇到了什么困难？

预设：

（1）把圆形分成什么样的小图形后才能拼成平行四边形？

（2）在圆形上剪下一个最大的正方形后，剩下的部分怎么办？

（3）不管怎么剪，剪出的小图形的其中一条边都是曲边，曲边怎么拼出直边图形呢？

4. 拼成功的同学说一说你在拼的过程中应该注意些什么？你有哪些发现？

预设：

（1）要把圆沿着半径去剪，剪成大小相同的小扇形；

（2）可以先把圆对折，然后沿着折痕去剪就能剪成大小相同的图形了；

（3）我们不能把曲边变成直边，但是我们可以把圆分的份数尽量多一些，这样每一份的曲边就可以近似看成直边了……

【设计意图】　通过动手操作，全班学生都对圆进行了分割和重新拼图。在对圆形纸片进行分割的过程中，学生分割的方法不同：有的学生是沿着半径剪成相同的扇形；有的学生则是在圆的内部画一个内接正方形，但是通过操作发现不能拼成平行四边形；还有的同学是把圆分成了大小不同的长条，在拼的过程中同样遇到了困难；等等。面对具有挑战性的问题，学生们都经历了提出问题、分析问题、设计解决方案、积极探索、解决问题的全过程。虽然有的同学在解决问题的过程中遇到了困难，但是通过同学之间的交流逐渐找到问题所在，在动手尝试的过程中逐渐找到解决问题的办法，增加了解决问题的积极性和成就感。而对于成功的同学，他们在与同学进行讨论的过程中，在分享自己的方法、倾听别人的方法的过程中，对知识和方法的理解更加深入，深化了对极限思想方法的感悟。通过不断的动手尝试和沟通交流，学生们逐渐达成共识，发现当把圆形分的份数越多时，每一份的扇形就越接近一个小的三角形，也就是能够把曲边近似地看成直边。这样的过程就是让学生在不断的思维碰撞中，体会转化思想方法和极限思想方法，为后面学习圆的面积公式奠定了知识和方法的基础。

环节三：将圆形拼接成其他几何图形

请你试着再拼一拼，看看还能拼成哪些几何图形？

1. 将圆等分，拼接为近似的梯形（见图4-31）。

图4-31　学生作品（2）

2. 将圆等分，拼接为近似的三角形（见图4-32）。

图4-32　学生作品（3）

3. 将圆等分，拼接为近似的长方形（见图4-33）。

图4-33　学生作品（4）

思考：这些方法有什么相同之处呢？它们的本质联系是什么？

预设：

（1）都是把圆等分成很多个小扇形；

（2）都想把曲边图形转化成我们学过的直边图形。

【设计意图】　在实际探究之前，先让学生根据之前积累的经验进行尝试性猜测，既增加了学习的趣味，又让学生感悟在发现规律的基础上分析研究对象的特点，尝试进行先猜测，再验证的研究历程，鼓励学生细心观察、有据分析、大胆猜想、严谨验证，并从中发展合作交流、问题解决能力，进一步感悟极限思想方法。

五、活动建议

1. 独立完成任务：将圆形进行分割并写清过程。

2. 以4人为一个交流小组，记录提出的问题。

3. 观察记录单时，以小组为单位互相观察记录单，交流发现的规律并尝试提出新问题。

4. 展现不同的拼接图形，在明确各自的拼接图形后再让学生提出问题，并再次以4人为一组进行交流，探寻现象背后的原因和规律。

六、教师反思

本节课采取了以学生为主体的探究性自主学习与小组合作学习相结合的教学组织方式，引导学生经历提出问题、发现问题、分析问题、解决问题的全过程，提升学生学习的主动性。在课堂上，教师尊重每一位学生的想法，让不同水平的学生都能够分享自己的方法，让学生在分析、比较中发现问题的本质，再去探索怎样将"圆"这样一种由曲线围成的图形重新拼成其他图形。

在探究过程中，尊重学生的差异，鼓励不同水平的学生投入探索活动。因为圆形与学生熟悉的由直边围成的图形，如正方形、长方形、平行四边形等差别比较大，所以当学生一开始面对圆形时，实际上只能找到半径或直径，然后就无从下手了。因此，我设计的第一个环节就是先让学生说困难，说一说自己的问题是什么，大部分学生都聚焦到圆是曲边图形这个难点。在这里，我没有直截了当地讲"方法"，而是让同学出主意说启发，引导学生调动头脑中已有的知识经验——直边图形的面积，这样把曲边图形与直边图形创造了联系，将没见过的问题转化为见过的问题，然后再让学生尝试。通过聚焦问题、对话分享的方式，启发基础较差的学生找到解决问题的方向，增加学习的兴趣和主动性。

在解决问题的过程中，渗透极限思想方法。在活动中，给予学生充分的时间和空间进行动手操作、尝试探索，感受曲边图形与直边图形的联系与区别。在将圆形转化成平行四边形、三角形等其他图形的过程中，抓住圆与其他图形之间的几何特征，结合"化曲为直"方法体会"化圆为方"的原理，感受极限思想方法。这种在学习过程中融合极限思想的教学方法，能够使学生在脑海中对极限等概念形成较为直观的印象，体会数学在现实生活中的重要作用。

七、点评

在空间与图形的学习领域中，图形的认识与图形的测量具有紧密的联系，一方面图形的认识为图形的测量打好了基础，另一方面图形的测量又可加深对图形的认识。本节课通过图形的认识，抓住图形的几何特征，然后进行代数刻画，得到代数运算的结果，进而从结论中分析出几何的特征，得出几何的结论。所以，整个过程中可以看出几何特征是解决各种平面图形转化的关键，也是解决问题的重点。

极限思想方法是本节课的重点培养目标之一。极限思想方法是一个相对复杂、抽象的方法，对于认知水平较低的小学生来说，想要渗透这种思想方法，教师需要给学生搭建探究发现的平台，借助动手操作等较为直观的方式，帮助学生感受极限思想方法。任课教师选择"多变的圆"的活动主题，是一个渗透极限思想方法的好素材。并且教师引导学生从"化曲为直"过渡到"化圆为方"，循序渐进，逐步深化，符合小学生的认知特点，引导他们在观察有限分割的基础上，建立起无限分割的想象，体会极限思想方法，感悟数学价值。在学习过程中渗透极限思想方法，不仅加深了学生对数学概念的理解，还能够激发学生学习数学的兴趣，产生学习的主动性。

第五章

组织探究性学习，激发数学创造力

随着全球化的到来，世界各国不断加快课程改革的步伐，并将改变学生的学习方式作为主要切入点。为了顺应世界课程改革的新趋势，我国学者提出了探究性学习这一概念。自此，学者们对探究性学习展开深入探索与研究，探究性学习也发挥着许多积极的作用。

21世纪是信息技术快速发展的新时代，也是人类步入知识型社会的重要标志。在新时代里，人类不断在被各种各样的机器所取代，因此人类思想与知识的价值不断被凸显出来，顺势社会对人才的发展提出了新的要求。中国学生发展核心素养是落实"立德树人"的一项重要举措，也是提升我国教育国际竞争力的迫切需求，核心素养明确了适应学生终生发展和社会发展需要的必备品格和关键能力，其中实践创新便是六大素养之一。而探究性学习倡导自主学习、合作探究的学习方式，一直以来十分关注学生创造力与实践力的培养，是时代发展的必然之意。

第一节 理论基础

培养创造性人才，是实施"科教兴国"的重要战略举措之一。自20世纪以来，关于创造力及创造精神的培养引起了教育界学者的广泛关注，成为基础教育改革的热议话题之一。伴随着国内中小学教师对创造力培养的探索与分析，研究者们意识到在活动课程中开展课题活动能够有效培养学生的问题解决能力与创新意识，且国内许多学校已具有较为丰富的实践经验，却疏于系统地整理与总结。探究性学习作为一个崭新的研究话题，激起教育科研领域新的研究浪潮。探究性学习的提出旨在明确学校教学中培养学生创造力的思路，探索在课堂教学中落实创新意识培养的新路径，对推进我国基础教育的深化改革，有着十分重要的理论与实践意义。

一、探究性学习的内涵

探究性学习与研究性学习相似，是指学生在教师指导下，以类似科学研究的方式去获取知识和应用知识的学习方式（张肇丰，2000），也是学者基于已有理论提出的以学生自主探究为主的学习方式。具体包括以下几个方面：一是开展学习的前提是教师的指导，说明该学习是在学校集体中发生的，而非学生自发组织的探究学习活动；二是探究性学习不只是一种以问题解决为主要模式的学习，而是遵循科学研究的基本步骤探索相关课题，以培养学生的创新意识和实践能力；三是探究性学习拥有其终极目标，即让学生获取和应用知识的同时发展学生的创造力与问题解决能力。

二、探究性学习的特点

（一）问题性

问题是探究性学习开展的基础。在研究伊始，教师需要组织学生收集资料，发现自己感兴趣的问题，并对问题的合理性与科学性进行考究。学生确定的研究问题可以是课堂内教材内容的拓展延伸，也可以是对校外各种自然和社会现象的探究；可以是纯思辨性的，也可以是实践操作类的；可以是已经证明的结论，也可以是未知的知识领域（霍益萍，2000）。

（二）探究性

探究性学习，自然离不开探究，其探究性表现在研究课题的结论是未知的、非预定的，结论的获取也不是由教师传授或从书本上直接得到，而是学生以类似科学研究的方式，查资料，做实验，通过假设、求证，最终解决问题来得出自己的结论（李召存，2001）。学生在研究过程中不断突破自我，体悟科学研究的严谨性，锻炼自己的思维能力。

（三）过程性

探究性学习注重学生的积极参与，注重学生在过程中的收获而非研究的结果，还十分重视学生的学习体验，学生在过程中的体验与收获是不容小觑的。一个人的创造性思维离不开一定的知识基础，而这个基础应该是间接经验与直接经验的结合。间接经验是前人直接经验的总结和提炼，直接经验则是学习者通过亲身实践获得的感悟和体验。研究性学习弥补了学生将知识转化为能力的缺口，将"创造"落地，让学生不仅有创造的意识，还能够参与实践活动，在体验的基础上将各种能力内化于心。

（四）自主性

探究性学习主要依赖学生的主体性，打破了以往学生被动接受知识的状态，而是让学生当起了"小老师"，自己决定研究的主题目标等。教师在整个活动中以指导者的身份对学生的研究进行宏观把控，教师的指导作用体现在帮助学生完善其自主选择的意识和能力方面，而非为学生做决定。学生在整个研究中一直处于紧张的状态，因此，学生完成任务的效率与质量均相对较高。

总而言之，相较传统教学而言，探究性学习更具问题性、探究性、科学性、过程性以及自主性。探究性学习充分发挥了问题的引领作用，让学生在收集、分析、解决问题的过程中体验科学研究的严谨与规范，培养学生发现问题的意识、解决问题的能力。

三、探究性学习的课程定位

（一）研究性

探究性学习中最突出的特点便是"研究"的韵味无处不在。对学生来说，在探究性学习中学生不仅仅是学生的身份，还需要扮演研究者的身份，经历科学研究的全过程。探究性学习不仅要模拟科学探究之"形"，更要渗透科学探究之"神"。科学探究的精神主要表现为探究学习的好奇心、敢于质疑的怀疑精神以及究根问底的求证精神。与此同时，养成尊重事实、实事求是、讲究证据的科学态度也是探究性学习的重要目标（余文森，2004）。

（二）跨学科性

探究性学习较为突出的特点便是"跨学科性"。该课程的实施打破了传统教学中的单一课程讲授，将多门学科融合在了一起。各学科领域的知识可以在"探究性学习"课程中延伸、综合、重组与提升，"探究性学习"课程中所发现的问题、所获得的知识技能可以在各学科领域的教学中拓展和加深，"探究性学习"课程也可和某些学科教学打通进行（张华，2001）。

（三）问题解决性

探究性学习是以问题为载体让学生在研究中解决问题的学习活动。学生可能在真实的情境中解决问题也可能在开放的环境中解决问题，无论是以上哪种情况，学生进行的科学探究均具有较强的现实意义。学生的学习不再只是单纯地掌握书本上死板的知识，而是将知识生活化、现实化，变成实实在在的生活经验。

（四）开放性

探究性学习旨在让学生了解并利用多元的学习资源在多元的环境中展开多元的探索。从课题的确定开始，学生需要自己独立收集资料，并从海量的资源中确定自己的研究课题。学生的研究课题不拘泥于书本中的知识，而是在学科性问题基础之上的生活实际问题，更贴切学生的生活。当学生确定研究主题后，学生将进入多样化的环境展开学习探索，该环境可能是博物馆、图书馆、公园，也可能是社区、学校、医院等，学生将根据自己的研究主题选择不同的研究方法（例如问卷、访谈等）进行科学研究。探究性学习的开放性要求教师不要因为学生提出的课题"不够深刻"或"不够水平"而去干涉他们，而是要培养学生的问题意识和创新精神（高凌飚等，2002）。

四、探究性学习的实施

探究性学习作为一种以问题解决为主的教学模式，以问题作为基础，在学生解决问题的过程中培养学生的综合能力。学生在探究性学习的过程中一般会经历发现问题、分析问题、解决问题、展示成果四个过程，教师以参与者的身份加入其中，对学生进行指导与评价。

具体来讲，探究性学习的实施一般包括以下几个阶段（李召存，2001）。

（一）知识背景准备阶段

对学生来说，学生已经习惯了在传统教学方式下进行学习，对探究性学习缺乏系统的了解与认识。因此，在开展之前让学生先对探究性学习的知识背景进行了解，有利于探究性学习的顺利开展。在这一阶段，教师需要先通俗易懂地将探究性学习的性质、目标、步骤等必要内容向学生做详细的介绍，让学生掌握探究性学习的来龙去脉。

（二）选题立题阶段

这一阶段，学生需要结合教学实际以及自己的兴趣爱好选择感兴趣的研究课题，并对选题的可行性与创新性进行评估。在此过程中，教师可作为指导者对学生的选题进行把关，使得学生对自己的选题更加明朗，初步建构出研究框架，为后续阶段的开展做准备。

（三）制定研究方案阶段

合理可行的研究方案是顺利开展探究性学习的前提保证。这一阶段学生将成立研究小组，并根据研究主题制定研究方案，并将研究任务进行分解，保证研究小组成员在研究实施的各个环节均有事做，保证研究活动的公平性、合作性、连续性和有效性。研究方案的撰写一般包含研究课题、小组成员、研究背景、研究问题、研究目标、研究意义、小组分工、研究环节、研究结论、反思探讨等内容。此外，小组成员还应提前制定好实施预案，保证研究方案的完整与全面。

（四）研究实施阶段

探究性学习活动实施的各个阶段均体现了学生的主体地位。在实施阶段，学生需要提前查阅资料，尽可能走出教室、走出校园开展实地考察，通过做实验、访谈、调查等方式收集研究数据与有用信息。此外，针对实施中出现的紧急问题学生能够随机应变，不断修订完善研究方案，使得研究过程尽可能科学与严谨。

（五）结果处理阶段

课题小组收集好原始的研究资料后，需要对该数据做进一步的分析与处理，并在分析过程中找出规律性的东西，将经验提炼成系统的理论知识，得到研究结论。

（六）成果展示阶段

当学生完成对研究数据的分析后，可根据自己研究的特点将研究成果可视化，展示于众。研究成果的展示方式丰富多样，一般有实物模型、小论文、多媒体演示、视频展示、调查报告等。

（七）反思总结阶段

研究结束后的反思总结是必不可少的。对研究进行反思能够让学生不断审视自己的研究过程，发现自己的不足并及时改正。研究反思是对整个探究性学习过程的全方位总结，通过反思，学生也能够对研究的质量以及活动中的得失进行考量，进一步丰富自己的理论认识。

五、探究性学习的价值

培养人的创造能力与创新意识是信息时代学校教学的核心。而探究性学习不只强调学生对书本知识的背诵、理解、掌握和复述，还要求学生能从多种渠道寻找自己所需要的信息资料，对各种资料进行分析、归纳、整理、提炼并从中发现有价值的信息，能了解科研的一般流程和方法，规范地撰写科研小报告，准确地表达自己的见解和观点等。探究性学习不仅培养学生的学习能力，还侧重于培养学生的创新意识与能力，培养学生的问题意识和问题解决能力，培养学生的合作意识与能力。

探究性学习作为全新的教学方式，将其应用于教学实践中必将为教育改革注入新的生机与活力，激发学生的数学创造力。

第二节　典型案例分析

经过近几年的实践与探索，我校数学"实验课"已逐渐趋于成熟。本章包含的案例均以探究性学习为主，让学生在教师的指导下主动探究，充分发挥学生的主体地位，培养学生的创造力，激发学生的创新意识与问题解决意识。所有案例均从探究性学习的原则与特点出发，还原探究性学习的主要形式，让学生主动思考问题，依据现实生活中的真实情境，经历提出问题、分析问题、解决问题的全过程。

从模仿到设计，还原探究学习全过程

——以"1 毫升水有几滴？"为例

一、活动背景

探究性学习有时也被视为问题导向式学习，问题往往是探究性学习的核心。1 毫升水有几滴？当学生听到这一问题时，脑海中便会浮现千奇百怪的想法。这类探究课是学生十分期待的课程之一，学生渴望借助一些实验器材动手操作、手脑并用进行实验活动或者制作活动。只要学生真正深入探究知识的过程中，学生将不再一味被动接受知识，而是不断发展问题解决能力，培养创新意识。

探究性学习活动与以往的实验教学存在许多差别。探究性学习是学生的探究，教师只在其中扮演指导者的角色，而学生将充分发挥主体作用，独立思考、合作学习，在各个环节发挥自己的主动性、能动性和独立性，更好地开展科学学习，模拟科学探究。探究性学习中学生需要全身心投入各个环节的合作学习中，倘若其中某一环节走神，将功亏一篑。因此，探究性学习也最能锻炼学生的学习活动，当学生的主观能动性发挥到最大限度时，学生将在学习中得到最佳发展。

"1 毫升水有几滴？"这节课真实再现了探究性学习的全过程，学生在分析问题、设计实验方案、实验探究、总结反思等活动中不断积累活动经验，使自己得到全面的锻炼与发展。虽然"毫升"的学习是在五年级才进行的，但考虑到它在日常生活中广泛存在，低年级的学生对这个名词也并不陌生，只不过低年级学生并不理解"毫升"的实际意义，因此在教学中规避其他数学概念，让三年级学生初步建立"毫升"的表象是可行的。

二、活动目标

1. 通过利用小正方体、注射器、量杯等器材了解1毫升水有多少的活动初步建立1毫升水的表象，积累数学活动经验。

2. 利用身边常见的物品设计实验方案，解决"1毫升水有几滴"这一问题，培养学生的问题解决能力及创新能力；全班交流实验方案，培养学生善于倾听、乐于交流的习惯以及善于思考、敢于质疑的思辨能力。

3 通过实验操作活动感受不同实验方案之间的差异并对实验方案进行评价，培养学生科学严谨的实验态度和反思意识，提高学生尊重科学、尊重实验的科学素养；在问题解决的全过程中经历数据收集、分析、整理的全过程，培养学生的问题意识。

三、活动准备

教师：杯子（1个）、没有针头的注射器（1个）、洗手液（1瓶）、矿泉水（1瓶）、口服液（1瓶）。

学生：水（半杯）、没有针头的注射器（1个）、1立方厘米大的小正方体（1个）、空杯（1个）、学习单（见表5-1）。

表 5-1 学习单

班级_____ 姓名_____

1毫升水有几滴

猜想有几滴	第一次实验	第二次实验	第三次实验

我的发现：_____

我的猜想：_____

我的疑问：_____

四、活动过程及设计意图

环节一：课前导入

教师出示 1 瓶洗手液、1 瓶矿泉水、1 瓶口服液，请学生观察。

核心问题：上面标的 450mL、500mL、10mL 表示什么呢？

教师介绍：在描述液体的多少时，可以用它所占的空间来描述。

【设计意图】 从学生熟悉的日常用品入手，聚焦"毫升"切入话题，从而揭示"描述液体多少时，可以用它所占的空间来描述"这一要求，让学生在生活中发现数学。

环节二：了解 1 毫升水有多大

1. 猜想 1 毫升有多大。

教师提问：根据你刚才看的这三瓶液体，你猜猜 1 毫升水会有多大的一团呢？用小手比画一下。

2. 借助 1 立方厘米的小正方体了解 1 毫升有多大。

核心问题：教师这里有很多小方块，每个小方块都跟 1 毫升的水那么大，请你借助它们来感受一下吧。（教师请小助手给每个同学发一个 1 立方厘米的小方块）

3. 借助注射器或者量杯找到 1 毫升水。

（教师请小助手给每个同学发一个空杯子、半杯水、注射器和一个量杯）

教师提问：如果让你找到 1 毫升水，你能想到哪些方法？

预设：

（1）往空水杯里倒入一个小方块那么大一小团水，就差不多是 1 毫升。

（2）用注射器取水。教师出示注射器，介绍注射器针筒上的刻度以及 1、2、3、4、5 数字的含义。

（3）用量杯取水。向量杯中倒水，当水面刚好达到 1 毫升的刻度线时，里面的水刚好是 1 毫升。

4. 游戏：你说我取。

要求：请同桌两人一组，轮流为对方布置任务，让对方用你指定的器材取出你指定的数量的水，可以是 1、2、3、4、5 等各种毫升数。你仔细检查同桌取的水量是否准确。

（学生进行游戏）

【设计意图】 利用多种器材、通过多种活动，让学生建立 1 毫升水的表象，学生可以感悟不同方法之间的差异，培养学生的发散思维，同时让学生对注射器、量杯等实验器材进行初步了解并简单使用，积累操作经验为下一环节做准备。

环节三：1 毫升水有几滴

1. 核心问题：你觉得 1 毫升水包含多少个小水滴？你想怎样做？请你静静地思考，提出一个可行的方案。

2. 学生在全班交流方案，并为方案提出质疑或补充，也可以提出意见或建议。

预设：

（1）把一个手指伸入水中，蘸湿，然后手指朝下，马上对准量杯的上方，让水滴滴到量杯中，一边滴水一边数数，等滴完了再去蘸水。像这样，直到量杯里的水达到 1 毫升，就知道 1 毫升水包含多少个小水滴了。

（2）把一张纸巾蘸湿，攥在手里，对准量杯的上方，轻轻地攥纸巾，让水一滴一滴地出来，用量杯接着这些小水滴，一边滴水一边数数，等滴完了再去蘸水。像这样，直到量杯里的水达到 1 毫升，就知道 1 毫升水包含多少个小水滴了。

（3）用注射器吸取 1 毫升水，然后轻轻地推活塞，让水一滴一滴地出来。一边滴水一边数数，全部滴完了，就知道 1 毫升水包含多少个小水滴了。

（4）用量杯量取 1 毫升水，然后轻轻地把量杯放倾斜，让水从量杯小尖嘴那里一滴一滴地出来。一边滴水一边数数，全部滴完了，就知道 1 毫升水包含多少个小水滴了。

（5）用量杯量取 1 毫升水，然后在量杯底部扎一个孔，让水滴下来，一边滴一边数数。

（6）我用 2 毫升水，像他们那样操作，然后，把水滴数量除以 2。

3. 进行实验操作

教师提问：请你选择一个或者两个喜欢的方案，进行实验。实验中、试验后你有什么发现、猜想、疑问都可以写在学习单上。做完实验的学生，可以选择一个小搭档，拿着你们的学习单去教室后面进行交流，看看又有哪些新的发现、猜想、疑问，都可以补充在学习单上。

（教师请小助手给每个同学发一份学习单。学生进行实验，通过实验，并填写学习单。）

4. 全班交流

教师提问：经历了实验过程，搜集到了实验数据，在此期间，你有哪些发现、猜想、疑问或者思考？我们来交流。

预设：

（1）我发现：我猜想的水滴数跟我实际测量的水滴数相差很远。

（2）我的三次结果都不一样，我想可能是有时候我推活塞太快了，出来的不是水滴而是一段水柱了，导致数据就不准了。

（3）我是用手指蘸水实验的，同桌是用注射器实验的，我们的数据也差很多。初步考虑，可能是因为不同方案中水滴不一样大。

（4）我和同桌都使用注射器做的实验，我们的数据也不一样，我们还没弄清是怎么一回事。

（5）我三次的结果都不一样，我不知道哪个数才是1毫升水的水滴数。

……

5. 引导反思

教师提出：面对实验得到的数据，大家有很多发现、猜想、疑问，这些都依赖于大家的思考。请大家静静地想一想，回顾"1毫升水包含多少个小水滴"的整个研究过程，有什么触动了你，有什么让你难忘，有什么值得你跟大家一起分享？

预设：

（1）设计方案时，我只想到了注射器能让水变成小水滴，所以，只想到了一种方案，以后，设计方案时，思路可以再开阔一些。

（2）老师没让我们交流的时候，我觉得我想到了最好的方法。全班交流完之后，让我大开眼界，居然还有那么多的好方法。

（3）我一开始觉得我的方法已经非常好了，交流了之后，同学给我提出了修改建议后，就变得更好了。我要听取同学的建议。

（4）实验的时候，有两次我推活塞太快了，导致水滴已经变成水流了。我知道已经不准确了，但是，我偷懒了，没有重新实验，就那样写上了水滴数。这不符合老师说的实验要实事求是的原则。

（5）今天我知道了，不同的方法形成的水滴可能不一样大。所以，我还想试试，怎么能形成更大的水滴。

……

6. 教师小结：大家对整个活动过程进行了回顾和深入的思考，让我们能够积累更多的经验，从实验活动中汲取更多的营养。对今天的实验活动，如果还有什么想问的，想要继续研究的，可以记录在问题本上，老师也会随时给予你们各方面的支持。

【设计意图】"1毫升水有几滴？"让学生经历一个问题解决的过程。根据已有经验，在教师的引导下，从问题的提出到方案的设计，从方案的交流到方案的实施，从对实验结果的剖析到对整个实验活动的反思，学生能够从不同的维度有所发现、有所质疑、有所反思。

五、活动建议

1. 本活动主题内容较多，建议2～3课时。

2. 交流方案要充分，在生生互动中互相启发，让思维点燃思维。给足学生时间来提建议、说质疑、听取建议、完善方案。

3. 实验要做扎实，不要草草收集几个数据就结束。实验过程不仅是一个求结果的过程，也是一个积累经验的过程，更是对学生实事求是、尊重实验事实的科学素养的培养过程。

4. 分析实验数据要有广度。面对实验数据，引导学生不仅关注数据的"是什么"，还要关注数据"怎么样"，更要关注数据的"为什么"。

5. 对实验活动的反思要到位。数学实验不是操作结束就结束了，更重要的是培养学生的反思意识，引导学生在操作层面、知识层面、方法层面，甚至是意志品质层面、人文层面进行反思。

六、教师反思

本次实验活动中的前两个环节旨在与学生的生活实际相联系，帮助学生初步建立1毫升的表象，为后续学生探究"1毫升水有几滴？"这一科学问题做准备。

核心内容"1毫升水有几滴？"是以问题解决的路径展开的。该环节承载了很多任务：一是让学生经历利用身边常见物品设计实验方案的全过程，培养学生问题解决能力及创新能力；二是让学生在交流实验方案的过程中主动倾听他人发言，主动思考、敢于质疑，培养学生辩证的思维能力；三是在实验操作的过程中不断对自己的实验方案进行反思总结，培养学生的反思意识；四是让学生在收集数据、分析数据的过程中尝试从不同维度对数据进行解释，发散学生的思维。

学生在自主思考与实践中完成实验探究，践行了学校"实践求真，验问达明"的校训，学生的能力也得到全方位的锻炼与提高。

七、点评

本课的内容应属于"统计与概率"领域。学生在二年级已经开始积累收集、整理数据的活动经验，这一阶段学生收集数据多采用调查、访谈的方式。本节课通过学生的实际动手操作收集数据，可以说是收集数据方式的一个补充，进一步丰富了学生的活动经验。

本节课充分体现了探究性学习活动开放性的特点。1毫升水有几滴，学生能够天马行空地展开想象；这些小水滴是什么样子的，没有任何限制；学生通过什么方式展开探究，怎样收集数据，面对数据有哪些发现和疑问，这些都是开放性的问题。在解决问题的过程中，学生始终处在开放、宽松的学习氛围，能充分发挥自己的想象力和创造力展开科学探究。这样的学习氛围更利于学生以儿童的视角多维度地发现提出问题、分析解决问题。

从学生疑难点出发，培养学生问题解决能力
——以"周长的学问"为例

一、活动背景

发现问题和提出问题是探究性学习的前提，而问题的确立则是学生开展探究的动因和目标，建构有价值的探究问题是学生开展探究性学习活动的有效保障。问题的来源多种多样，问题要富有挑战性和真实性，例如在上一个案例探究中，"1毫升水有几滴？"是在学生日常生活中出现的科学问题，具有很强的趣味性但又不失探索科学知识的韵味。而本节课"周长的学问"则是在学生学习的基础上发现的新问题，是在现实教学中出现的真实问题，具有很强的现实性和真实性，是基于学生的生活实际与认知水平的数学问题。探究性学习是一个较为复杂的认知过程，只有教师建构

的问题恰当，探究性学习活动才能持久开展，学生的分析推理能力、解决实际问题的能力才能不断提高。

"周长的学问"这一数学实验课活动主题是三年级学生在学习完第五单元"周长"的基础上，解决多边形和长方形、正方形的周长之后延伸出来的。在完成"周长"这一单元的学习后，教师发现学生在解决"通过平移转化成规则图形的周长"以及"多个相同的图形拼摆后产生的新图形的周长"问题时错误率非常高，通过访谈发现学生出现的问题主要表现在对移动前后图形的变化不清晰，对解决多个图形拼摆后的新图形的周长方法比较单一，缺少对新情况、新问题更充分的思考。"周长的学问"是以学生学习的困难点为基础展开的进一步研究，扩充了学生对周长的理解，让学生体会拼摆后图形周长的比较方法，可以是数图形的外部边线的数量，也可以是数图形减少的内部重合边的数量，并探索在拼摆图形过程中周长的变与不变。

二、活动目标

1. 在拼摆 4 个正方形的活动中，经历尝试、探索、发现的过程，让学生在活动中主动关注新图形的周长，并发现拼摆后图形周长的比较方法，可以是数图形外部边线的数量，也可以是数图形减少的内部重合边的数量。

2. 通过拼摆 3 个长方形的活动，让学生在动手操作的过程中进一步体会当边长不一样时如何比较新图形的周长，在进一步观察对比中引发思考进而体会数图形减少的内部重合边的数量的优势，并发展学生的理性思维。

3. 在活动过程中体会数学在生活中的应用价值，并通过对问题的解决，促进学生在探究与不断质疑的过程中发现、提出问题的能力，培养解决问题的核心素养。

三、活动准备

1. 物品准备：边长 1cm 的小正方形 20 个，长 4cm、宽 2cm 的长方形 9 个，学习单 2 份（见表 5-2 和表 5-3）。

活动要求：

（1）同桌两人合作，用 4 个正方形拼摆新的图形，能拼几种就拼几种。

（2）研究一下拼摆出来的新图形的周长，并与同伴说说你有什么发现。

（3）同桌两人合作，用 3 个长方形拼摆新的图形，能拼几种就拼几种。

表 5-2　学习单（1）

用 4 个小正方形拼摆的图形	拼摆的图形的周长

表 5-3　学习单（2）

用 3 个长方形拼摆的新图形	
周长最长、周长最短的图形是哪个？说说你的理由	

（4）比较一下拼摆出来的新图形的周长，并与同伴说说哪个新图形的周长最长，哪个最短。

2. 知识经验准备：

（1）了解什么是周长，会用周长的概念求多边形的周长；

（2）能用公式求长方形、正方形的周长；

（3）能够将不规则的图形转化成长方形、正方形，并求周长。

四、活动过程及设计意图

环节一：拼摆 4 个正方形，体会新图形周长的变化

1.（出示图片正方形）关于正方形你们都知道什么？

大家对正方形已经非常熟悉了，今天我们就用正方形来展开新的研究。

2. 活动要求：

（1）同桌两人合作，用 4 个正方形拼摆新的图形，能拼几种就拼几种

（见图5-1）。

（2）研究一下拼摆出来的新图形的周长，并与同伴说说你有什么发现。

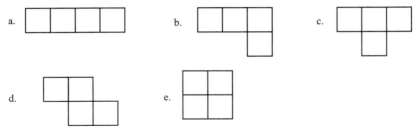

图 5-1 学生作品（1）

预设：图形 a、图形 b、图形 c 和图形 d 的周长都是 10 条边，图形 e 的周长是 8 条边。

追问：你是怎么知道的？

预设：

（1）数露在外面的边的个数。（引导学生带着大家数一数）

（2）图形 b、图形 c 和图形 d 都可以通过平移变成长 3cm、宽 2cm 的长方形，所以它们的周长都是 10cm。

3. 看到这样的结果，你们有什么疑问吗？

预设：

（1）都是 4 个一样的小正方形拼成的图形，为什么它们的周长却不一样呢？怎么回事呢？

（2）这几个图形重合的边数不同，重合的边越多，周长越短。

追问：什么意思，给大家解释一下？

预设：两个正方形拼在一起周长减少了中间重合的两条边，每个正方形都减少了一条。图形 a 减少了 6 条，图形 b、图形 c、图形 d 也同样减少了 6 条，图形 e 减少了 4 条。每拼一个正方形减少两条边，但拼成一个大的正方形时直接减少了 4 条边，所以一共减少了 8 条边。图形 e 减少的边数最多，所以周长就最短。

4. 小结：你们的发现真了不起，我们在比较这些新图形的周长时，既可以数露在外面的边的数量，也可以比较在拼图形的过程中减少的边的数量，减少的越多周长越短。

【设计意图】 根据课堂教学后学生的错例分析和访谈中的困惑和问题衍生出实验活动"周长的学问",引导学生面对复杂的周长问题时,从多角度想办法的同时体会问题解决的过程。在所有的平面图形中正方形最特殊,最容易让学生寻找方法和策略,因此在活动中设计了用 4 个正方形拼摆新图形的活动,让学生在动手操作的过程中探索拼摆后新图形的周长的方法,在巩固数边和平移转变为长方形、正方形的方法的基础上,寻找解决问题的新策略,进而发现数重合边的方法,为后面研究边长不同的图形打下了基础。

环节二:用 8 个小正方形拼摆周长最短的图形

教师提问:用 4 个小正方形拼摆图形,大家有了这么多的收获和发现呢!如果让你用 8 个小正方形拼图形呢?

活动要求:

(1)请你用 8 个小正方形拼新的图形,使得新图形的周长最短。

(2)与同伴说说你认为这个图形周长最短的理由。

预设:

(1)这两个图形(见图 5-2)露在外面的边都是 12 条边,所以周长是一样的,都最短。

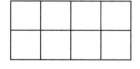 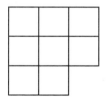

图 5-2 学生作品(2)

(2)一个正方形的边数是不变的,所以 8 个正方形的边数和是 32 条边。由于 2 个正方形拼在一起周长减少了中间重合的两条边,所以重合的边数越多,从 32 条边中减少的就越多,周长就越短。

(3)这两个图形重合的边数都最多,都重合了 20 条边。而从这两种方法中任意拿出一个正方形放在其他地方,重合的边数都会减少 2 条,所以这两种周长最短。

我们运用小正方形展开了这么多的研究,此时你还有什么新的思考或疑问吗?

预设：

（1）正方形比较特殊，边长都一样长，所以可以数露在外面的边也可以数重合边的数量从而得到图形的周长。如果是边长不同的图形呢？比如长方形、三角形、平行四边形呢？

（2）其他图形还能用这两种方法求周长或者比较周长的长短吗？

（3）如果小正方形的数量非常多，如何找拼出的周长最短的图形呢？有什么规律吗？

【设计意图】 小正方形数量的增加给学生的探索带来了难度，拼摆的方案非常多，如何确定自己拼出来的就是周长最短的图形是学生要真正思考和研究的。通过之前的活动学生获得了重合边越多、周长越短的结论。这个活动是让学生充分运用已经获得的结论展开研究，从而发现重合边最多的两种情况。在这个活动中，学生经历了运用已有结论解决新问题的全过程，在感受到成功的喜悦之后又激发了再次研究的兴趣，同时还提出了很多非常值得继续研究的问题，这样的过程促进学生批判、质疑素养的进一步发展。

环节三：拼摆 3 个长方形，比较新图形的周长

正方形是比较特殊的图形，它的四条边都相等，非常便于我们研究，如果换成长方形呢？你又能拼出哪些新的图形呢？

活动要求：

（1）同桌两人合作，用 3 个长方形拼摆新的图形，能拼几种就拼几种。

（2）比较一下拼摆出来的新图形的周长，并与同伴说说哪个新图形的周长最长，哪个最短。

回顾一下，刚才的研究过程，你对周长又有了哪些新的认识？

预设：当图形的边长一样时，既可以通过数露在外面的边的数量比较周长，也可以数拼图形的过程中减少的边的数量，减少的边越多周长越短。但当图形的周长不一样时，有时多出来的部分不好比，我们可以看减少的边数来比较新图形的周长，也可通过平移把它们变成方便我们数边的长方形、正方形。

小结：看来在解决新图形的周长的问题时，我们数露在外面的边数和数图形内减少的边数都可以，我们要具体问题具体分析。

小任务：自选 4 个一样的三角形或者 4 个一样的平行四边形拼摆图

形，寻找周长最短的图形，完成后可以与同伴交流自己的收获和发现，并写一份自己的研究小报告。

【设计意图】 通过拼摆小正方形来研究新图形的周长，学生发现除了使用转化成长方形、正方形的方法，还可以用数露在外面的边数量和用"总边数－重合边"的方法来得到图形的周长。基于此，学生展开了更深入的思考，想探索其他边长不同的图形在拼摆过程中是否也可以用这些方法来解决，同时体会不同的问题所采用的策略可能不同，充分感受在策略多样化的基础上寻找解决问题的最优策略。基于此，在这个环节中安排了用3个长方形拼摆新图形并比较谁的周长最长，谁的周长最短的问题。在实际探究之前，先让学生观察手中的长方形，引导学生说说有什么发现。在动手操作的过程中，引导学生对自己拼出的新图形进行归类，进而寻找周长最短的图形和周长最长的图形并说明理由。长方形的拼摆方法极多，既增加了学生学习的趣味性，又让学生感悟到可以在发现图形特点的基础上寻找解决问题的策略，鼓励学生细心观察、有据分析、大胆猜想、严谨验证，并从中发展合作交流、问题解决的核心素养。

五、活动建议

1. 学习单（1）同伴合作完成，先充分地动手操作，然后在拼摆的基础上引导学生进行观察，交流发现。

2. 在拼摆8个小正方形的活动中学生要独立完成，同伴之间说说自己拼摆出周长最短的图形的方法，并尝试提出自己的问题。

3. 学习单（2）同伴合作完成，先充分地动手操作，然后全班交流，将所有方法展示在黑板上，并引导学生进行发现，说说自己用了什么策略寻找到了周长最短的图形。

4. 自主探索其他图形，与同伴交流自己的发现和收获。

六、教师反思

本节课是学生在学习了教材上关于"周长"知识之后，根据学生学习中的困惑和错例衍生出来的，是对周长知识的进一步深化，在解决问题的过程中，帮助学生更加系统地将周长的相关知识纳入自己的知识结构中，同时，总结了拼摆图形求周长的几种策略。

本节课"周长的学问"是数学教材的衍生，数学教材教给了学生最基本的、不可或缺的知识和技能，但这些知识到底能帮助学生解决哪些实际问题呢？当我们遇到困难时，应该选择怎样的策略帮助我们解决问题呢？看来仅仅传授教材中的基础知识和技能已经不能满足学生的需求了。如何更好地激发学生的学习兴趣呢？数学实验课"周长的学问"就是在这样的情境下应运而生的，它既不完全脱离教材又高于教材，让学生在动手操作、猜想验证、游戏活动的过程中真正地爱上数学，爱上研究，进而激发了学生学习数学的热情，同时促进学生更多地思考以及对课内学习内容更深入的探究兴趣。

苏霍姆林斯基说："教会学生善于思考是学校的首要任务。""教给学生能借助已有的知识去获取知识，这是最高的教学技巧之所在。"所以思考能力比学会知识更重要。在"周长的学问"这个主题活动中，学生提出了很多问题："都是4个一样的小正方形拼成的图形，为什么它们的周长却不一样呢？""用多个长方形拼摆图形，得到的图形的周长会怎样呢？""如果用三角形拼摆图形呢？""如果是不一样的图形呢？"学生面对自己提出的问题，经历解决问题的过程，从猜想到验证、从质疑到发现、从一个问题到另一个相关新问题的产生，都从多种角度促进了学生的思维发展。知识不能代替思维，如同思维不能代替知识一样。有了思考能力，面对未知的问题学生才不会茫然。在此基础上发展学生的理性思维，极大地调动学生探索的热情。

七、点评

"周长"这节课是学生学习了"什么是周长"和"长方形、正方形的周长"之后学习的。首先从学生学习周长来看，学生对知识的掌握非常好，但是在学习面积之后，学生往往对周长与面积非常容易混淆，究其原因，实际上是对周长与面积的不理解，那么这节课从"用4个正方形拼图形找周长"开始探究，使学生从直观上感悟面积相同，而周长却不同。其次，学生在不断动手操作的过程中，通过比较、观察、推理，发现正方形边的数量变化引起了图形周长的变化，既可以数重叠的边，也可以数露在外面的边，培养学生多角度分析问题的能力，从而激发学生探究的兴趣，促进思维的发展。最后，通过移动小正方形和小长方形感悟到动态的几何周长的变化，培养学生的空间观念。

通过问题串呈现探究活动，将验问课程落地
——以"滚硬币"为例

一、活动背景

《义务教育数学课程标准（2011年版）》对于"数学思考"的总目标阐述为：建立数感、符号意识和空间观念，初步形成几何直观和运算能力，发展形象思维与抽象思维；在参与观察、实验、猜想、证明、综合实践等数学活动中，发挥合情推理和演绎推理能力，清晰地表达自己的想法；学会独立思考，体会数学的基本思想和思维方式。本次课是学生在学习了圆之后，认识圆的特征、圆的周长与面积之后衍生出来的。在课堂学习圆的周长与面积内容后，学生产生了许多与此相关的、感兴趣的问题。例如：车轮为什么是圆的？圆在现实生活中有什么用？如何测量硬币的直径？硬币为什么设计成圆形？它的滚动是否有规律？等等。"滚硬币"就是根据学生在学习完教材知识后所产生的问题而设计的。

随着学生的不断成长，学生的数学思维不断趋于理性，教师需要对教学内容进行重组改造，迎合学生抽象思维的发展，预见学生思维发展的趋势，让学生在需求中不断主动探索，获得丰富的数学体验与认知，提升学生学习数学的品质，为学生的创新与应用提供可能。此外，教师还需注意到数学知识存在一定的理论性和枯燥性，因此在教学中，教师要做到把教学内容与现实生活结合起来，让学生在数学知识的学习中贴近最熟悉的生活场景，感受到学习数学的快乐，进而自主探究数学知识。

二、活动目标

1. 通过观察硬币提问活动，鼓励学生做一个爱观察、爱思考的有心人。

2. 通过硬币在直线及多边形上的滚动活动，调动学生的已有经验，研究硬币沿直线及多边形滚动规律及硬币滚动时圆心经过的长度。

3. 在学生的自主探究中，充分发展学生的形象思维与抽象思维，培养学生的空间观念。

三、活动准备

1. 物品准备：三枚硬币（见图5-3）。

2. 知识经验准备：

（1）认识圆的半径、直径、圆心等；

（2）了解圆的相关特征，如：半径、直径的特点，圆的轴对称性等；

图 5-3　硬币

（3）知道圆的周长和面积公式，会求圆的周长与面积。

四、活动过程及设计意图

环节一：硬币在一条直线上滚动

1.（出示三枚硬币）认真观察，看到这些硬币你想研究哪些数学问题？

预设：

（1）硬币的周长和面积？

（2）硬币在桌面上滚动的情况？

【设计意图】 首先了解学生看到这几枚硬币后都有哪些想法，是否会想到硬币的滚动问题，是否对硬币的滚动感兴趣，培养学生的问题意识。

2. 如图 5-4 所示，将一枚半径为 r 的硬币在直线上滚动一圈，则这枚硬币滚动的距离为 _____ 。

图 5-4　硬币在一条直线上滚动

（1）布置活动任务；

（2）自己动手试一试，画一画，说一说你的发现。

预设：

（1）学生在滚动硬币的过程中，没有注意到在起始处做标记，所以不记得滚动了多少；

（2）学生在滚动硬币的过程中，硬币没有走直线，而是上下起伏不定，使测量的结果不够准确；

（3）学生注意到测量一圈的长度也就是求硬币的周长，所以先用几把尺子固定硬币，然后找到它的直径，进而求出硬币的周长。

3. 说一说：硬币在滚动过程中应该注意哪些问题？

预设：

（1）硬币滚动时要沿直线滚动，在起始处做标记，测量时尽量减少误差；

（2）硬币在直线上滚动一圈的长度也就是圆心经过路径的长度。

4. 反馈：我的发现_____。

【设计意图】 根据课堂教学中学生产生的问题衍生出实验活动"滚硬币"，面对这样的问题，鼓励学生在想办法的同时体会问题解决的过程。因为在课堂教学中学生已经知道了圆的基本特征及怎样求周长的一些方法，通过动手操作，感受到硬币滚动一周其实就是求圆的周长，求圆周长的过程中会有误差，从而在产生怀疑的基础上激发学生探究、验证的兴趣。活动中通过交流如何减少误差，培养学生做事认真细致的习惯。另外通过不同方法的对比，鼓励学生观察、发现不同方法间的优劣。

环节二：硬币在两条直线上滚动

1. 如图 5-5 所示，将总长为 $4\pi r$ 的线段 AB 在中点 C 处折成 $90°$，这时这枚半径为 r 的硬币从点 A 到点 B 需转_____圈。

（1）布置活动任务。自己动手试一试，画一画，说一说你的发现。

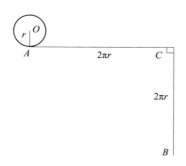

图 5-5 硬币在两条直线上滚动

预设：

a. 学生直接求硬币一圈的长度，也就是 $2\pi r$，所以这枚硬币在两条直线上滚动了两圈。

b. 学生感觉到硬币在滚动到两直线间夹角时圆心轨迹不应该是直线，但不知怎样处理。

（2）质疑：硬币滚动到两直线间夹角时圆心轨迹是否还是直线，怎样处理夹角问题？

预设：

a. 学生考虑到硬币滚动到夹角时路径应该是曲线，可是怎样求这个曲线？

b. 学生意识到硬币滚动过程中走过的路径也就是圆心经过的路径。

（3）想一想：怎样解决拐角问题？

（4）反馈：学生发现，当硬币滚动到拐角时圆心所经过的弧线其实是90°圆心角对应的圆的弧线长度。

我的发现：_____。

【设计意图】 学生有了前面的经验，知道硬币滚动一圈也就是求硬币的周长，因此这两条直线段的长度学生比较好处理，但很多学生忽略了硬币经过两直线的夹角时所经过的角度是有一个弧度的，即使有的学生提出这个问题，相当一部分学生也不知道怎样解决，他们仍然在找这个圆走过的路径，但不知道应该找哪里，直到有学生提出看圆心经过的路径就可以了，这时大部分学生才开始有思路继续去探究，这样的过程促进了学生批判、质疑素养的提升。

2. 如图 5-6 所示，将总长为 $4\pi r$ 的线段 AB 在中点 C 处折成 $60°$，这时这枚半径为 r 的硬币从点 A 到点 B 需转 _____ 圈。

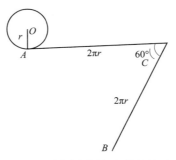

图 5-6 硬币在两条直线上滚动

（1）布置活动任务。自己动手试一试，画一画，说一说你的发现。

预设：

a. 个别学生直接求硬币一圈的长度，也就是 $2\pi r$，所以这枚硬币在两条直线上滚动了两圈。

b. 学生感觉到硬币在滚动到两直线间夹角时圆心轨迹应该是弧线，但这个弧线的夹角怎样找并不清楚。

c. 学生清楚地分析出两直线间的夹角应该是120°，所对应的弧度也应该是120°圆心角对应的圆的弧线长度。

（2）反馈：我的发现_____。

环节三：自主研究

1. 将总长为$4\pi r$的线段AB在中点C处折成_____，这时这枚半径为r的硬币从点A到点B需转_____圈。

2. 反馈：我的研究（画图并写出过程）。

【设计意图】 学生在经历了前两种情况后，对两直线有夹角时圆心经过路径的处理已经有了一定的方法，为了巩固及拓展，让学生再自己研究新的情况并自己解决，培养学生的创新能力。

环节四：硬币在等边三角形上滚动

1. 如图5-7所示，这枚半径为r的硬币沿等边$\triangle ABC$的外侧滚动一周，三角形每边长度是$2\pi r$，需转_____圈。

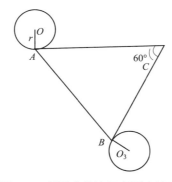

图5-7 硬币在等边三角形上滚动

2. 布置活动任务：

（1）想一想：硬币沿等边三角形滚动一圈时经过的路径是哪里？

（2）自己动手试一试，画一画，说一说你的发现。

预设：

a. 学生直接计算出直边的长度和就是硬币的滚动路径。

b. 学生将等边三角形的周长看作是硬币滚动一圈的长度。

c. 学生注意到两直线间夹角走过的路径是弧线，可以将等边三角形一个角的角度作为对应的圆心角求弧线长度。

d. 学生注意到两直线间应该是圆心角 120° 对应的圆的弧线的长度，但最后没加在一起。

e. 学生注意到所有的弧线长度之和是一个圆的周长。

3. 反馈：我的发现＿＿＿＿＿＿＿＿＿＿＿＿＿＿＿＿＿＿＿＿＿＿。

【设计意图】 学生有了前面硬币在两条直线间滚动的经验，知道硬币在两直线夹角间滚动时所走的路径是曲线，并且曲线的长度与夹角的大小相关，所以学生只需要探究弧线所对应的圆心角角度是多少即可。但有一部分学生没有意识到所有弧线长度之和应该是一个圆的周长。

环节五：硬币在多边形上滚动

1. 硬币在正多边形上滚动。

（1）自主探究，如图 5-8 所示，当正多边形的周长是 $2\pi r$ 时，这枚半径为 r 的硬币沿正多边形的外侧滚动一周需转 ＿＿＿ 圈。

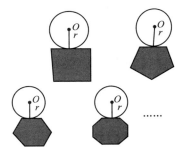

图 5-8 硬币在正多边形上滚动

（2）布置活动任务。学生自己动手试一试，画一画，说一说你的发现。

预设：

a. 学生研究正方形，发现圆心经过的长度是直边长度加上一个圆的周长；

b. 学生研究正多边形，发现圆心经过的长度与正方形有相同的特点；

c. 学生研究正多边形，发现圆心经过的路径都可以归纳为正多边形的周长加上一个圆的周长。

（3）反馈：我的发现＿＿＿＿＿＿＿＿＿＿＿＿＿＿＿＿＿＿＿＿＿。

把你的研究过程画一画并记录下来。

通过研究，你能发现什么规律吗？

2. 硬币在不规则多边形上滚动。

（1）如图5-9所示，如果硬币沿任意一个周长为 a 的多边形滚动，硬币需转几圈？

预设：

a. 学生能清楚硬币走过了多边形周长的一圈，但不知道怎样求每个角度对应的弧线长。

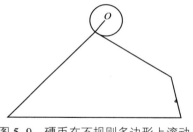

图5-9　硬币在不规则多边形上滚动

质疑：任意多边形的角度没有规律，并不知道每个角度是多少，那怎样求出弧线对应的角度呢？就没办法求出每段弧线的长度？

b. 学生根据正多边形的规律猜测出所有角度和对应的弧线长是一个圆的周长，但不知怎样证明。

（2）汇报，交流。以4人为一个小组，提出自己的疑问，先小组内交流探究，然后再全班探究。

说一说：通过前面的研究，你有什么发现，把你的发现写下来。

我的发现_____。

（3）拓展：你还想研究哪个多边形？把你的研究过程画一画并记录下来。

通过研究，你能发现什么规律吗？

【设计意图】 学生通过自己对硬币在多边形上滚动的探究，对硬币在多边形上滚动的规律有了更清晰的认识，并且增强了探究欲望和兴趣，拓展了思维。

环节六：两枚硬币的滚动

1. 如图 5-10 所示，将一枚半径为 r 的硬币沿着另一枚半径为 $2r$ 的硬币的边缘滚动一周，这时滚动的硬币滚动了 _____ 圈。

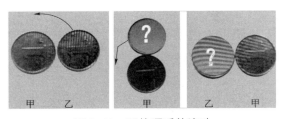

图 5-10 两枚硬币的滚动

2. 布置活动任务。自己动手试一试，画一画，说一说你的发现。

预设：

（1）学生考虑到一枚硬币在另一枚硬币的外侧滚动的情况。能画出示意图，并进行分析；

（2）学生还能考虑到一枚硬币在另一枚硬币的内侧滚动的情况，能画出示意图并进行分析；

（3）学生并不知道怎样分析，也不能画出示意图。

3. 想一想，都有哪些情况？自己试一试，画一画。

4. 反馈：我的发现_____。

【设计意图】 学生在研究完硬币沿多边形滚动的情况后，继续研究两枚硬币间滚动的情况，这是对多边形的进一步拓展，也就是边数趋近于 n 时的情况，有利于培养学生的知识迁移能力。

五、活动建议

1. 独立完成任务，画出硬币在直线上滚动的路径。

2. 观察自己的作品，发现、提出问题时将学生分为4人一个小组，以小组为单位互相探究并尝试提出问题。

3. 展现不同的结果：在明确各自的方法后鼓励学生提出问题，并再次以4人为一组进行交流，探寻问题的结果。

4. 建议课时：2课时。

六、教师反思

本节课是学生在学习了教材上关于"圆"的知识之后，由学生自发引起的相关问题延伸出来的，是对学生关于圆的周长知识的进一步深化，在解决问题的过程中帮助学生更加深刻地认识圆的周长，并在此基础上进行拓展。

本节课虽然不是教材上的内容，但它是教材内容的衍生，需要学生深度思考，所以学生很感兴趣。尤其开始的时候对于硬币在两直线间滚动时，有很大一部分学生忽略了硬币在两直线间拐角滚动的路径，还有一部分学生并不知道怎样去处理。针对这种情况，学生进行了深入的探究与讨论，通过自己的研究与小组间的交流，学生由毫无头绪、困惑到恍然大悟，能深刻感受到这种成就感，所以本课给学生提供了深入思考的机会，有利于培养学生的思维能力，拓宽学生的思维空间。

　　另外，本课是学生自己提出问题，研究自己感兴趣的内容，整节课都在动手操作、画图研究、小组探讨，自主性比较强，用学生的话说"这样的课一点都不枯燥"，这样的数学实验课的活动主题使学生兴趣盎然，他们成了真正的学习小主人。

七、点评

　　圆的滚动这个话题看似是中学的学习内容，但教师把它作为小学的拓展内容，当通读完案例中的系列活动才发现学生在整个过程中不断地发现和提出问题：硬币滚动时要沿直线滚动，谈发现；硬币滚动到拐角（90°）时，谈发现；硬币滚动到拐角（非90°）时，谈发现；硬币沿正方形滚动一周时，谈发现……如果把这一系列的发现汇总在一张学习单上，学生可能会有不一样的发现。当然，这里的发现离不开操作、观察、讨论、思考，整个过程中学生对圆的周长有了更新的认识，同时对圆也有了更深层次的认识。所有环节完整再现了探究性学习的全过程，让学生在自主探究的过程中解决了学习中的实际问题。

从问题本中找素材，解决学生的疑惑与困难
——以"纸杯的学问"为例

一、活动背景

　　"纸杯的学问"并不是六年级数学教材中的内容，而是教师根据教材内容拓展出来的，怎么想到这个素材的呢？它来源于学生的问题本。北师大版教材六年级下册第一单元学习的是"圆柱和圆锥"，学习后一名学生在他的问题本上提出了这样的问题——为什么我们的很多水杯都做成圆柱形？为什么纸杯的形状不做成圆柱形？学生提出的问题让我眼前一亮，因为纸杯对学生而言并不陌生，但这个熟悉的事物，学生似乎从没有用数学的眼光观察过它，也没有用数学的思维思考过它。而我们的问题本可以给学生提供大胆表达疑问的平台，也为老师提供了实验课素材。

　　学生总会有一些极具创造力的想法，但在现实教学中，往往会因为羞于启齿等原因将自己新颖的想法隐藏在心中。问题本作为教师与学生之间

沟通的桥梁，有助于教师及时发现学生的问题与想法。当学生的想法得到教师的肯定，问题得到教师的关注，学生的学习动力将不断提高，学习自信也会得到满足。

在数学实验课上，教师给学生创造验证他们疑问的机会，更是为学生提供了用数学眼光再看熟悉事物的角度，通过数学实验重新认识这些熟悉事物。基于此，我设计了让学生自己制作纸杯从中探寻问题答案的"纸杯的学问"一课。

二、活动目标

1. 经历制作简易纸杯的探究过程，发展空间观念，提高解决问题的能力。

2. 通过对纸杯侧面展开图的猜想、尝试、调整，进一步感知平面图形与立体图形的相关关系。

3. 体会数学与生活的紧密联系，激发学生学习数学的兴趣。

三、活动准备

1. 实验材料准备：每个学生一张白纸、剪刀、胶棒/胶条、圆规。

2. 知识经验准备：

（1）圆的认识，圆的周长，圆柱、圆锥的认识，圆柱的表面积。

（2）化曲为直的数学思想，制作圆柱，画圆柱展开图。

四、活动过程及设计意图

环节一：观察生活中的纸杯，进行问题提出活动

1. 老师带来了一样生活用品，看。（出示PPT——生活中的多种纸杯图片）

观察观察，关于这些纸杯，你有什么想了解或研究的问题吗？

预设：体积？容积？底面积？侧面积？怎么制作？为什么制作成这样的形状？杯口为什么卷？……

2. 老师给大家点赞，用数学眼光观察生活中的纸杯能提出这么多想研究的问题。下面我们先从制作入手，看看会有什么发现。

【设计意图】 通过用数学眼光观察生活中熟悉、常见的纸杯，学生独立思考可以提出很多想研究并且值得研究的数学问题，为每一位学生提供了思考的机会。而从制作纸杯入手研究，可以激发学生的研究兴趣，同时通过制作，学生会对提出的问题有进一步的思考。

环节二：做中感知，重构二维与三维图形间的联系

1. 我们一起看一下活动提示，（出示PPT）请自己利用白纸制作一个简易纸杯。

活动提示：请先想一想、猜一猜（纸杯展开图），并在白纸上画一画，然后再制作。

2. 学生制作，教师巡视了解学生想法。

3. 交流。（教师观察到画梯形的学生遇到问题时，请学生们停下交流）老师看到有不少同学遇到了问题，他们的表情是"怎么会这样？"咱们快来交流交流。

请一位把纸杯展开图画成梯形的学生讲述问题。

教师适时提问：我跟你特别有缘分，看，我画的纸杯展开图也是梯形。采访一下，你是怎么想到画梯形制作纸杯的？猜梯形的同学都是这样想的吗？

预设：

（1）把纸杯杯口、杯底的两个圆拉直猜想的。追问：他想到把上大下小的两个圆拉直（PPT演示），这个想法熟悉吗？什么时候用过？——学习圆的周长时，用的"化曲为直"的思想。（板书：化曲为直。）

（2）根据纸杯截面猜想的（PPT演示）。评价：你的想法听着好像也有道理。

（3）根据圆柱展开图猜想的。

提问：看来，你们的猜想都是有根据的猜，真好！可是剪下来一围却？——没成功。怎么没成？——上下都多出一块儿。

4. 多出来了，怎么解决？

预设：

（1）剪掉多出来的。

（2）直边图形不行就换曲边图形。

5. 大家有想法了吗？下面，两人一组合作一起解决杯身问题。

6. 学生两人一组合作活动。

7. 反馈。谁尝试剪掉多出来的部分，分享一下你们的经历。

预设：

（1）把围的立体图形压扁，沿直线剪。（根据学生讲述，教师适时把

图形贴在黑板上。）

追问：谁还有类似经历？

（2）把围的立体图形压扁，沿曲线剪。

（3）在围的立体图形上直接剪掉多出来的部分，展开看看像什么形状。

追问：看，他解决问题的过程，（教师指着贴在黑板上的图形说）由猜想梯形，不行—变成这样—再变成这样，你有什么发现？

预设：直边不断调整接近弧线。（板书：直→曲。）

还可能提出问题：如，两条弧线弧度怎么确定？两条弧线距离多少合适？等等。

教师评价：虽然尝试的方法不同，但都由这样的直边找到了曲边，解决了问题。

8. 工厂还真是用这样的扇环来制作纸杯的，大家看。（播放工厂制作纸杯的视频片段。）

【设计意图】 在制作前先让学生想一想、猜一猜、画一画纸杯的展开图，通过这个活动让学生充分调动自己已有的经验（有的把纸杯上大下小的两个圆拉直，迁移的是学习圆的周长时"化曲为直"的经验；有的是根据纸杯截面猜想的，因为圆柱的纵截面是长方形，又可以用长方形制作圆柱；还有的是根据圆柱展开图猜想的）将纸杯在头脑中展开为他们想象的二维平面图形。之后学生真正动手制作却发现他们所想的纸杯展开图围不成纸杯，此时，有的学生会难以接受地反复展开—围—展开……，有的会重新思考寻找解决办法，在这个过程中，学生也就主动重构二维图形与三维图形之间的联系，从而进一步加深了学生对立体图形的认识。

环节三：总结延伸

纸杯制作完成了吗？——还没安装底面。我们再回头看看，大家提的这些问题还没研究，有的同学可能还会想到新问题。看来，纸杯虽小但学问大，后续我们再进一步研究，今天只是开始。

【设计意图】 学生经历了观察纸杯提出问题、制作纸杯发现问题的活动，纸杯并未完成，提出的问题也未解决，而学生的研究兴趣已经调动了起来，埋下了观察生活、发现问题、研究问题、解决问题的种子。

五、活动建议

1. 制作纸杯前的想一想、猜一猜、画一画（纸杯的展开图）很重要，不要让学生急于制作。

2. 教师观察到画梯形的学生遇到问题时，适时请学生们停下交流，怎么想到画梯形来制作纸杯的？

3. 独立思考尝试后，再次制作时两人合作完成。

4. 可以根据学生课上和课后提出的问题，开展一系列的研究。

六、教师反思

本活动来源于学生的问题本。学生学习完圆柱和圆锥后，在问题本上提出问题——为什么我们的很多水杯都做成圆柱形？为什么纸杯的形状不做成圆柱形？学生提出的问题让我眼前一亮，何不让学生自己制作纸杯从中探寻问题答案？于是，我设计了制作纸杯的活动，意想不到的是很多学生画的纸杯展开图的侧面竟然是梯形。他们是怎么想的呢？访谈后了解到：有很多学生是想到把纸杯上大下小的两个圆拉直，迁移的是学习圆的周长时"化曲为直"的经验；有的是根据纸杯截面猜想的，因为圆柱的纵截面是长方形，又可以用长方形制作圆柱；还有的是根据圆柱展开图猜想的。六年级学生学习了圆的认识及其周长、面积，在学习时主要的数学思想方法是化曲为直，学生经历了五年级直边图形的学习，对直边图形的认识是根深蒂固的，所以这里化曲为直很关键、很重要，我们下了功夫进行研究如何帮助学生在思维上进行跨越。而且这个学期教材安排了圆柱、圆锥的学习，数学思想方法仍然是化曲为直，有了上学期的学习经验做铺垫对学生而言也就不难了。但是正是这些经验让学生在面对"制作纸杯"的问题时受了错误的影响。因此，我设计"纸杯的学问"这个实验课来丰富小学阶段二维图形与三维图形之间关系的内容，并且进一步加深学生对立体图形的认识。

通过课堂学生的表现和课后的反馈，学生对本主题活动非常感兴趣，在课上能够积极主动参与动手制作、交流思考、合作探究，达到了我们预期的"问验"目标。

七、点评

本节课抓住了二维图形与三维图形转化时的误区，以学生的问题开始对纸杯的展开图进行探究，围绕纸杯的展开图是否是梯形，先经历了猜测、质疑，在动手操作的过程中验证自己的猜想、反思、激发认知冲突。由纸杯展开图是梯形到扇环的过程中，迁移的是学习圆的周长时"化曲直"的经验;有的是根据纸杯截面猜想的,因为圆柱的纵截面是长方形,最后不得不重新审视二维平面图形与三维立体图形之间的关系。

学生在动手操作中不断探究纸杯的展开图,这既是学生感兴趣的数学话题,也是学生比较喜欢的学习方式。同时,该话题中蕴含着深刻的数学知识,将"化曲为直"的数学思想方法体现得淋漓尽致,更利于有效学习的开展,有助于发展学生的空间观念和抽象思维。

从生活中品数学,感悟数学的本质
——以"树叶的面积"为例

一、活动背景

北师大版数学教材五年级下学期"成长的足迹"这节课的教学内容为不规则图形的面积,教材中采用的情境是"小脚印"。设计本节课的时间正值深秋初冬,走在上下班路上,很多孩子随手捡起地上各种形状的叶子把玩起来,满地的落叶和孩子的笑脸引起了我的关注。既然学生这么喜欢,为何不在落叶上做点文章?

正值此时,我们团队正在研究"圆的面积"这节课,在学情分析中学生的各种困惑一直萦绕在我的头脑中。对于圆这个图形,在求面积时很多学生根本无从下手,没有任何方法。学生常说圆不像正方形、长方形那么规则,但相较不规则的图形又那么"周正",怎样才能破解圆的面积呢?对六年级的学生来说,他们已经积累了求不规则图形面积的相关知识经验,却对圆的面积无从下手,问题究竟出在什么地方?什么样的基本活动经验才能更好地促进学生的学习,为新知识的学习奠定基础?

数学来源于生活,又应用于生活,生活永远是数学问题永不枯竭的源泉,真实的生活问题则更利于学生积累丰富的数学经验。基于以上思考,我准备在五年级的不规则图形面积上下功夫,落叶为我提供了很好的素材。不规则图形的面积有很多教学素材,而落叶则是最贴近学生生活实际,且学生都十分喜欢的教学素材,正是生活中处处有数学的真实写照。苏霍姆林斯基曾说过,如果学生在课堂上的内心状态是情绪高昂又振奋人心的,学生的学习氛围是轻松愉快的,那么学生才会乐此不疲地致力于学习中。倘若学生能在学习不规则图形面积时积累丰富的经验，更好地理解极限思想方法，感悟数学的本质，对后续内容的学习无疑是锦上添花。于是这节有意思的数学实验课"树叶的面积"应运而生。

二、活动目标

1. 尝试用不同的方法和策略求树叶的面积，算法多样化，培养学生解决实际问题的能力。

2. 在猜想、操作、验证、表达等实验过程中，把不规则图形的面积转化成已学的知识，感受转化思想，渗透极限思想方法。

3. 在解决实际问题中培养学生批判、质疑的能力，应用数学的意识，学生能够互相欣赏，感受数学学习的乐趣和严谨。

三、活动准备

1. 物品准备：每名学生准备形状大小不同的树叶若干、学习单。

2. 知识经验准备：了解什么是不规则图形的面积，掌握规则图形面积的计算方法。

四、活动过程与设计意图

环节一：聚焦问题

1. 导入：大树，随处可见！在森林、在路边，在我们美丽的校园里。（出示四校区树木照片）树不仅能美化环境，还能净化我们的空气。你们知道树是怎么净化空气的吗？

2. 核心问题：小小的叶面多么神奇啊。今天我们就来一起研究叶面的大小，也就是树叶的面积。

【设计意图】 从校园中的树木、身边的落叶讲起，小小的树叶是植物进行光合作用的主要场所。小事物、大知识，从而引导学生关注叶面的大小，引发学生的学习兴趣，为后续活动作铺垫。

环节二：初步尝试，说困难，想策略

1. 出示活动要求：请你想办法得到树叶的面积，并把你的想法清楚地写在学习单上。

2. 学生独立思考，并尝试说出自己遇到的困难以及启发。

预设：可以把树叶拓在纸上，数方格、切割成一些规则图形……

【设计意图】 在求树叶的面积的初次尝试中，学生会无从下手，学生通过独立思考发散思维，寻找解决办法。当遇到困难时，学生可以通过小组合作的学习方式在相互启发中碰撞出思维的火花，进一步思考与探索。

环节三：再次尝试，齐汇报，说利弊

1. 在几位同学的启发下，再次尝试。
2. 展示学生的解决方法。

预设：

（1）画方格，数单位面积的个数：方格大小不同；
（2）树叶内画最大的长方形；
（3）树叶外画一个长方形；
（4）分成若干个三角形、梯形或长方形；
……

3. 小组讨论。
（1）汇报中提到的方法你能看懂吗？能不能表述清楚？
（2）互相说一说这些方法是怎么想到的。
（3）互相讨论这些方法是否可行，可行的方法好在哪，不可行的方法可以怎么改进？

4. 全班汇报交流，教师适时追问和总结提升。
（1）数方格法。

追问：方格有大有小，不同之处是什么？哪个准确，为什么？怎样可以更准确？

预设：方格更小的比方格大的准确。因为方格越大，边缘部分格子不完整的就越不准确，变成小格子后有一部分格子完整了，就准确了一些（见图 5-11 和图 5-12）。

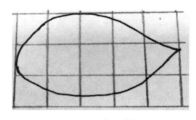
图 5-11　大方格

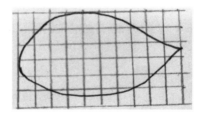
图 5-12　小方格

（2）切割法。

追问：为什么要这么切？为什么要切成大大小小的这么多，那么小的地方也不放过？怎样可以更准确？

预设：这样就转化成了规则图形，可以利用面积公式来计算了。切割这么多是为了更准确。边缘部分再继续切割成更小的部分则更准确（见图 5-13）。

（3）割补求和法。

追问：只剪一个不行吗？怎样缩小误差？

预设：把边缘部分再剪成规则图形可以缩小误差（见图 5-14）。

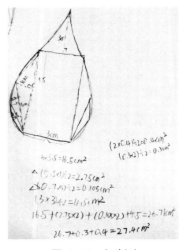

图 5-13 切割法

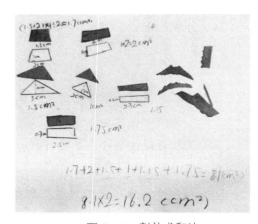

图 5-14 割补求和法

（4）逐渐逼近法。

追问：怎样可以更准？

预设：从外部和内部逐渐逼近树叶，把范围缩小，会更准确（见图 5-15）。

（5）你们再想一想，还有没有其他方法？

预设：

a. 通过称重的方法想办法得到树叶的面积。把树叶剪成一平方厘米的小方块，比如 100 块，称出一小块树叶质量。再称出一个树叶的质量，相除即可得到树叶的面积。

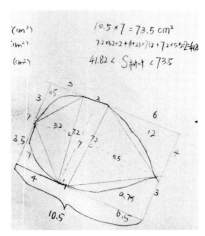

图 5-15 逐渐逼近法

b. 用铺豆子的方法，用豆子铺满树叶，再把豆子铺成规则的图形求得面积。

追问：用这种方法的误差在哪儿，怎样可以更准确？

预设：豆子之间有缝隙会造成误差。可以用更小的豆子铺，这样豆子间的缝隙会更小，误差也就更小了。

5. 仔细观察你们的这些方法，有什么发现或有什么想法？

6. 教师小结：遇到不规则图形面积的问题时，我们用已经学过的知识和办法来尝试解决。没有办法得到树叶的真实面积，但通过一些方法来缩小面积的近似值和真实值之间的误差，我们离真实值又进了一步。

【设计意图】 学生在原有经验认知基础上解决新问题，渗透着"转化"思想方法和"极限"思想方法。不同的方法可以让学生感受不同的探究路径，让算法多样化，更利于学生理解算理、探究数学的本质，学生能够感受到实验带来的快乐，增加探究下去的欲望。

五、活动建议

1. 本节课的主要目标为解决不规则图形（树叶）的面积，实为让学生估计树叶面积的大小，教师需要将落脚点放在"估计"上，引导学生利用极限思想方法估计树叶的面积，在估计的基础上解决树叶面积的问题。

2. 通过数方格来估计树叶面积的大小时，学生往往会误取每一个单元格的边长，因此教师可以在之前的学习中渗透数格子求面积的计算方法，数形结合更利于学生对知识的掌握。

3. "极限"思想方法十分抽象，学生通常很难理解，因此教师需要不断对学生进行指导，帮助学生体悟极限思想方法，而不是完全放手让学生学习，也不是完全告诉学生什么是极限思想方法，让学生被动接受知识。

六、教师反思

这节实验课在"小组活动，想办法获得树叶的面积"的任务驱动下，学生用自己捡到的各种形状的树叶，展开实验探究。在课上，学生积极主动地动手实验、思考问题、质疑反思，并在讨论过程中提出新的问题，产生新思考，乐在其中。

在交流评价各种方法之前，教师给学生留出足够的时间和空间，并对小组讨论提出明确的要求，要求之间环环相扣，问题层层递进，学生在讨论与反思中互相学习、互相欣赏、互相进步。

在交流中，学生从方法的来源说起，找到了不同方法的相同点，即都把不规则、曲边图形转化成规则、直边图形，从而求得面积，转化思想方法逐渐渗透在学生的学习之中。同时在"误差在哪儿，怎样减少误差？"这一问题的追问下，学生进一步思考，方格更小、剪得更小、分得更小、豆子更小的方法来更好地减少误差，极限思想方法也体现得越来越明显。两种重要数学思想方法的出现均是在学生主动理解知识的基础上体现出来的，更利于学生的有效理解与掌握。

七、点评

"树叶的面积"这节课一方面是学生学习完三角形、平行四边形、梯形面积之后，从规则图形的面积计算将知识迁移到不规则图形的面积计算上。正如活动背景中教师提到，"为什么对高年级的学生来说，转换思想方法与极限思想方法很难渗透"，究其原因，教师在授课时仍然将每一节课看作是一个孤立的个体，没有系统了解认识知识间的连贯性。经过教师的不断反思与尝试，教师逐渐能够把握知识的循序渐进，从而站在学生的角度设计课程，进一步领悟单元整体设计的精髓。

另一方面，在本节课的尝试教学中，教师并非就"树叶的面积是多少"这一问题让学生展开探究，而是将内容拓展到更高层次、更宽领域，教师逐渐将学生能力的可持续培养作为本节课的另一个教学重点。例如对于解决规则图形面积问题时所用到的数学思想方法，到了解决不规则图形面积时，有哪些是能够继承下来的，有哪些是变化发展的。对于变化发展的拐点，如何给学生提供一些素材，给学生提供什么样的素材才能更好地理解数学，是本节课教师要着重体现的内容，也是目前一线教师需要进一步思考的问题。

从数学中看生活，体会学习数学的价值
——以"起跑线 大学问"为例

一、活动背景

随着核心素养的提出，将数学学习更加生活化成为教育者较为关注的热点话题之一。将数学学习生活化有助于学生利用所学到的数学知识

解决生活中的实际问题，而从数学中看生活更利于培养学生严谨的思维逻辑与应用数学的意识。数学和人们的生活息息相关，教师加以适当引领，让学生将数学放在真实的生活场景中感受，学生将会主动搭建数学与生活之间的互动平台，真实体验数学在生活中的应用，体会学习数学的价值。

短跑比赛（200 m/400 m/800 m 等）中，选手总是从不同起跑线起跑的现象是学生非常熟悉的，尽管学生知晓一二，但很少有学生去深究其中的原因。因此设计了"起跑线 大学问"这样一节数学实验课，该数学实验课包含了图形的认识、测量、数据调查、计算、推理等多方面的数学知识与技能，体现了探究性学习的综合性、开放性。同时，让学生经历发现和提出问题、分析和解答问题的过程，积累相应的数学活动经验，进一步体会和掌握数学抽象、数学推理等基本的数学思想。

本节课是在学生掌握了圆的概念和周长等知识的基础上设计的。起跑线的位置为什么这样定？相邻两跑道起跑线该相差多远？影响跑道长度差异的因素是什么？这些理论性的知识学生都无从知晓。所以，设计这节实验课，一方面是为了让学生计算跑道周长，了解田径场跑道的结构，发现各跑道起跑线距离的方法，从而理解起跑线的位置与什么相关，为什么这样确定等问题。另一方面则是让学生在科学的学习与探究中感受数学在生活中无处不在，随处都能发现数学问题，也能够用数学解决生活中的问题，进而培养学生用数学的眼光看待生活、发现生活中数学问题的习惯，使学生学会应用所学的数学知识解决生活中的实际问题，进一步提升问题解决的水平和数学应用的意识。

二、活动目标

1. 经历运用圆的有关知识计算所走弯道距离的过程，了解"跑道的弯道部分，外圈比内圈要长"，从而学会确定起跑线位置的方法。

2. 通过调查起跑线的位置，了解跑道的基本结构，通过独立思考与合作交流等活动，培养学生应用数学的意识，提高学生解决实际问题的能力。

3. 引导学生探索 8 个弯道合成同心圆后，转化为研究熟知的圆环问题，使问题研究变得简单明了，让学生深入认识到跑道宽是影响跑道长度差异的关键因素，培养学生的应用意识。

三、活动准备

1. 物品准备：学习单、计算器。

2. 知识经验准备：

（1）对跑道有一些了解，学生课前查阅相关资料。

（2）了解圆的概念，会计算圆的周长。

四、活动过程及设计意图

环节一：认识跑道、解决确定起跑线问题

1. 播放一些短跑比赛的视频或照片

教师提问：大家看到这些视频资料，有什么疑问吗？

预设：

（1）有些比赛，运动员站在同一起跑线上起跑，有些比赛运动员不是站在同一起跑线上起跑，为什么呢？

（2）比赛时，起跑线是怎么确定的？

2. 我们前面简单研究了一些组合图形，这是操场的一条跑道，怎样计算这个图形的周长呢？

结论：跑道的周长＝两个直道的长度＋圆的周长

【设计意图】 跑道是学生日常接触的事物，而赛跑则是学生每天都会参与的体育活动，贴近学生生活。通过复习题的形式引入单一跑道，一方面巧妙地让学生回顾了跑道周长求法，另一方面为引入标准的400米跑道做好铺垫。

3. 认识标准400米跑道构造。

（1）提问：上面这个仅是普通的跑道图，你见过400米的标准田径跑道吗？

（2）提问：你从图中了解到400米标准跑道的哪些知识？或你对这个400米跑道存在什么疑问？（学生课前查阅相关资料）

（3）填学习单（见表5-4），小组交流。

说说你有什么发现？

【设计意图】 借助多媒体手段，从单一跑道逐渐过渡到标准跑道，学生不觉陌生，反而更有兴趣和欲望认识标准跑道的结构，再借助计算跑道周长方法的迁移，轻易算出各跑道的周长，并通过表格的形式初步认识跑道长度差异是由弯道引起的。

表 5-4　学习单

跑道	1	2	3	4	5	6	7	8
直道 /m	85.96							
弯道直径 /m	72.6							
弯道周长 /m	228.08							
跑道全长 /m	400							
相邻跑道全长相差 /m								

4. 展示学生作品及交流。

5. 你发现了什么？

教师小结：从刚才大家在表中计算出的各跑道长度，我们知道，如果跑 400 米的话，对于跑道 1 恰好是 1 圈，外圈跑道都比相邻内圈跑道多 7.85 米，所以确定 400 米比赛的起跑线时跑道 2 的起跑线比跑道 1 向前移 7.85 米，跑道 3 的起跑线比跑道 2 向前移 7.85 米……

【设计意图】 以情境为问题导向，以小组为单位，借助媒体观察，用常规的方法排解了 400 米比赛起跑线的问题，为下面研究影响跑道长度差异的关键因素做好了铺垫。

环节二：问一问、谈一谈

1. 核心问题：研究完 400 米比赛跑道的起跑线，同学们有什么疑问？还有什么想研究的相关问题？

预设：

（1）什么影响跑道长度的差异？根源在哪里？

（2）200 米怎样确定起跑线？

2. 什么影响跑道长度的差异？

（1）学生说一说。

预设：跑道的宽度、跑道是椭圆形的、弯度影响跑道长度的差异。

（2）学生独立解决。

（3）学生作品展示。

环节三：确定道宽决定跑道长度的差异

1. 教师提问：在刚才计算各跑道周长时，我们把各个计算弯道相邻周长的算式进行相减对比一下，看看大家有没有发现一些共同的特点？

内1内2跑道差：$3.14×[(72.6+1.25×2)-72.6]$
$\qquad\qquad =3.14×1.25×2$

内2内3跑道差：$3.14×[(72.6+1.25×2+1.25×2)-(72.6+1.25×2)]$
$\qquad\qquad =3.14×1.25×2$

其他相邻跑道差：……（也有相同的现象：等于$3.14×1.25×2$）

结论：相邻跑道长度差异都是由两条跑道相距的宽1.25米引起的。

小结：除"把各跑道的周长计算出来再确定起跑线前移多少米"这种方法以外，我们能不能找到别的办法来确定跑道起跑线前移多少米？

2. 我们已经知道，引起跑道长度的差异在于弯道，而两个弯道合起来是一个圆，8个弯道合在一起就是一个同心圆。

3. 计算两个圆的周长差。

推导两圆环内外圆周长差的公式：

$C_{差}=2πR-2πr$
$\qquad =2π(R-r)$（$R-r$，恰好就是跑道的道宽）
$\qquad =2π×道宽$

【设计意图】 之前学生已经能够用常规的办法算出各跑道的周长，确定各跑道起跑线的位置，这节课的教学目标已基本达成。但此时，借助学生解决常规问题后的成就感和积极性，引导学生迈向更深入的研究，利于拓展学生的思维，激发学生的创造力。引导学生探索8个弯道合成同心圆时，将其转化为研究熟知的圆环问题，使研究问题变得简单明了，学生也在研究中找到了影响跑道差异的主要因素——道宽，突出重点，突破难点，理解了研究问题的关键所在。

4. 起跑线的确定与什么关系最为密切？

5. 利用这个公式，马上验证一下道宽为1.25米的相邻跑道是否相差7.85米？

小结：

（1）我们在跑400米时，相邻跑道的外道要比内道向前移7.85米。

（2）我们发现跑道宽度决定了相邻跑道的差异，也就是只要知道跑道宽度，我们就可以解决起跑线的问题了。

【设计意图】 通过对计算弯道周长算式的比对，以及将弯道转化到圆环周长变化的探究，让学生深刻认识到道宽是影响跑道长度差异的关键。学生的深刻理解与认识为之后解决不同道宽、不同跑程的起跑线问题提供了简易可行的方法。

环节四：不同跑程起跑线的确定问题

1. 改变跑道宽度引起的起跑线确定问题。

教师提问：400 米的跑步比赛，跑道宽为 1.5 米，起跑线该依次提前多少米？如果跑道宽是 1.1 米呢？（根据"2π × 道宽"来计算确定）

2. 不同跑程起跑线的确定问题。

教师提问：对我们小学生来说，400 米测试是超负荷了，所以体育老师要测试大家 200 米赛跑情况，我们又该怎样确定起跑线？

预设：当跑 400 米时，相邻跑道差两个弯道的长度，当跑 200 米时，相邻跑道只差一个弯道的长度，所以跑 200 米时前移的距离是跑 400 米时的一半，即：2π × 道宽 ÷ 2 = π × 道宽。所以相邻跑道前移 3.925 米。

【设计意图】 在讨论的基础上，引导学生联想跑步比赛中 200 米起跑线位置，鼓励学生思考其中的原因。根据前面所学 400 米比赛起跑线位置的确定，来探究 200 米比赛起跑线位置，将知识进行有效迁移，促进学生的理解。

3. 起跑线知识总结。

我们在确定起跑线时，主要观察跑道的特点，两直道和一个圆的周长合成跑道的长度。很明显，不同跑道的全长不同的地方主要相差在弯道上，下面我们回顾一下我们是怎样确定跑道的长度差，从而确定起跑线的（见表 5-5）。

表 5-5　整理单

你们用什么方法求出两跑道之间相差多少米？
观察相邻两跑道相差的距离，你们有什么发现？
你们怎样确定起跑线的位置？
列式：
发现：
方法：

4. 说一说，通过这节课你有什么收获。

【设计意图】 以整理单的形式，突出探究过程和方法的演化梳理，加强学生对知识的总结和提升，让学生将所学知识系统化。

5. 课后作业：查找100米比赛、800米比赛、1000米比赛起跑线位置的相关资料。

五、活动建议

1. 课前一定要让学生调查跑道的相关知识。

2. 两人一小组合作完成学习单，认真观察学习单，写出发现。

3. 把环节二学生提出的想研究的问题或质疑贴到黑板上。

4. 什么影响跑道长度的差异？这一问题让学生充分说出自己的猜想。

5. 学生会发现：两个跑道的周长差是2π×道宽，此时教师需要让学生解释清楚。

六、教师反思

数学教学可贵之处是引导学生善于发现规律、寻找规律。本节课充分调动学生对有关知识和生活的积累，通过自主探索、观察分析、合作学习、交流辩论、互相启发，寻找造成相邻跑道长度差异的根源，让学生明白相邻跑道长度差和跑道宽度的关系。把相邻两条跑道的长度差计算方法，从繁杂到简洁、从死算到活化，最后得出规律是一个常数，让学生享受到成功的喜悦与成就感。在教学中，教师充分利用多媒体动画直观演示，得出两个圆的直径的差也就是里圆的直径加上两个跑道的宽度。由此得出最简单的方法：相邻跑道差＝π×2×道宽。

数学来源于生活，同时也服务于生活，应用学到的知识解决实际生活中的问题，不但使学生感受到数学与实际生活密切联系，也在学习探究中提高学生分析和解决问题的能力。为此，巩固练习环节我设计了一组练习：确定200米、400米跑步比赛，跑道宽为1.5米，起跑线应依次提前多少米？跑道宽为1.2米，起跑线应依次提前多少米等问题。让学生在联系中感悟数学的应用性，学会迁移。

七、点评

问题引领式学习一直是目前课堂上关注度比较高的学习方式。问题引领式学习引导学生发现问题、提出问题，进而解决问题，以促进学生的思维不断走向深入。从本节课的探究中我们不难发现，"怎样确定起跑线的位置？"这一核心问题一直贯穿其中。学生在熟练掌握圆的基本概念和周长的相关知识背景下，围绕"为什么起点不同？"和"相邻起跑线的距离是多少？"两个子问题，不断深入探究，整个过程也是学生面对真实情境所表现出的迁移、理解和问题解决的过程。

该教学案例与"树叶的面积"这一案例相互对应，分别从生活中品数学到从数学中看生活，清晰地阐述了数学与生活之间相辅相成的关系，进一步体现了探究性学习中情境的重要性。

开放式探究性学习，培养学生的创造力
——以"圆形中加入基本图形后对称轴的变化"为例

一、活动背景

相比教学目标单一化的接受学习而言，探究性学习具有较强的开放性。探究性学习注重教学目标的整体化，更关注知识的迁移以及学生知识技能、情感态度和价值观的整体达成，更关注学生在学习过程中获得丰富多样的学习体验和个性化的创造表现。本节课的设计将基本图形中较为特殊的圆作为主要研究对象，在其中加入基本图形，让学生观察组合图形对称轴的变化，这是教师对知识的再整合与综合，更利于激发学生的探究欲。同时，不同的组合方式更利于培养学生的创造力，正体现了探究性学习的主要价值。

基本图形在生活中随处可见，应用广泛。这些基本图形对学生学习轴对称知识有很重要的作用。在这些基本图形中，较为特殊的是圆形。圆的知识点很多，综合性很强，且具有无数条对称轴。将基本图形融合到圆形中研究轴对称问题，这种变式研究可以帮助学生利用轴对称图形知识解决问题，也有助于学生进行验问、探究其他新的轴对称图形的性质，从而实现知识的生长和经验的迁移。

该学段的学生可以通过丰富的知识经验来判断基本图形的对称轴，并且能够很灵活地根据具体的情境调整自己的思维。在这样的变式探究中，学生将不断发散思维，在开放的情境中独立创造并尝试解决问题，更利于创造思维的培养和空间观念的养成。

二、活动目标

1. 在圆形中加入其他图形的过程中，巩固基本图形对称轴的数量，感受当图形发生变化时对称轴的形状怎么变化，丰富学生对轴对称图形的认识。

2. 积累图形运动的思维经验，发展空间观念。

3. 经历由图形的变化到找出对称轴的过程，激发学生学习数学的乐趣。

三、活动准备

1. 物品准备：学习单。

2. 知识准备：

（1）轴对称图形的内涵。

（2）轴对称图形的特点：对称点到对称轴的距离相等。

（3）基本图形的对称轴。

四、活动过程及设计意图

环节一：复习导入

教师提问：还记得圆有几条对称轴吗？（无数条）这节课我们研究的内容就是基于圆图形的对称轴。

【设计意图】 学生之前已经有过学习轴对称图形的知识积累，具有一定的直观经验和知识基础，以复习的形式导入能够及时将学生的注意力转移到课堂。于是本节课直接切入课题，唤起学生的认知经验，不拖沓。

环节二：想象与操作结合，初步感知组合图形轴对称的本质特征。

1. 组织学生在圆形中添加基本图形，保证完成的图形依旧是对称图形。

活动1：在圆形中初试添加基本图形，使组合图形有4条对称轴。

【设计意图】 小学生不仅对好玩儿的事儿感兴趣，也对富有挑战性的数学感兴趣，创设开放性、探究性的实验课程，就是给学生创造感兴趣的机会，在实验课程中展示自我，发展自我，从而感受数学学习是很重要的活动。

观察这三个图形（见图5-16），你有什么发现？

预设：

（1）它们都是由圆和一个有4条对称轴的图形组成的；

（2）里边的图形都有4条对称轴；

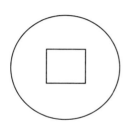
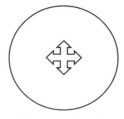
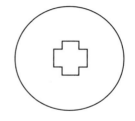

图 5-16　学习单

（3）里外两个图形的对称轴都相交于同一点。

学生作品如图 5-17 所示。

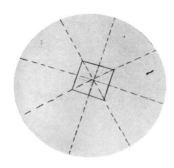

图 5-17　学生作品

错例范例如图 5-18 所示。学生设计完成后发现，添加长方形后，沿长方形对角线对折之后并不能完全重合。

【设计意图】 学生自主设计作品，并对作品进行展示，有利于学生的交流学习。而错例的示范能够帮助学生巩固轴对称图形的特点，且在圆形中添加长方形，沿对角线对折后并不能重合，也为下一个环节做准备。

2. 对于"往圆中加入一个有 4 条对称轴的图形使组合图形有 4 条对称轴"你有什么想要问的问题吗？

预设：

（1）是不是加入一个任意有 4 条对称轴的图形都行？对加入的图形有要求吗？

（2）对于加入图形的摆放方式有要求吗？

学生发现要想使圆中添加图形后，仍有

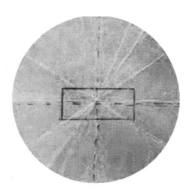

图 5-18　错误范例

4条对称轴,那么添加的图形要有4条对称轴才可以。对于是不是所有情况都适用,学生不太确定,并且对于上面的两种情况,学生提出添加的图形大小和位置是否会影响对称等问题。

3. 将学生的问题归类。

(1)要保证组合图形有4条对称轴,是不是一定要添加一个具有4条对称轴的基本图形?

(2)加入的基本图形大小的变化和位置的变化是否影响对称效果,还是4条对称轴吗?

活动2:解决问题,分组检验

1. 大家提出了疑问,那现在我们分组一起验证一下。对于第一个问题,大家一致认为:要保证组合图形有4条对称轴,圆形里面添加的基本图形必须有4条对称轴。那么我们课堂的主要任务是来验证第二问题,加入的基本图形大小的变化和位置的变化是否影响对称现象?

预设:

(1)不成立,正方形有4条对称轴,然而如果这么放(见图5-19),组合图形只有一条对称轴。

(2)如果把这个有4条对称轴的图形的对称轴交点和圆的交点对齐是可以的(见图5-20)。

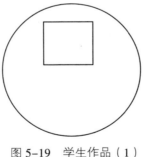
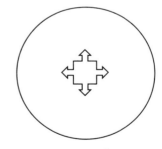

图5-19 学生作品(1) 　　　　图5-20 学生作品(2)

2. 分组展示,分组汇报结论。

(1)位置变化:加入的图形有4条对称轴,但是位置的改变会影响组合图形的对称现象,将添加的正方形不放置圆心的位置,学生验证之后发现,对称轴由4条变成了1条。

(2)大小变化:加入的图形有4条对称轴,但是大小的改变不会影响组合图形的对称现象。

（3）位置和大小都变化：学生验证之后发现，位置变化就会影响组合图形的对称。

3. 小结：当往圆中加入图形时不仅要注意对称轴的数量，还要注意对称轴的位置以及交点是否对齐才可以。

【设计意图】 学生在经历开放式的创作之后，可以自己发现问题、提出问题、验证问题、总结结论，这一过程帮助学生积累实验课程经验，课堂上的动手操作给学生丰富的体验，也给下面的活动起到很好的示范作用。

活动2：请你在圆中添加一个基本图形，使组合图形有3条对称轴。

预设：经过前一个活动，学生很快能够判断出要使得组合图形有3条对称轴，那么在圆中添加的基本图形首先要具有3条对称轴，学生很快能够想到具有3条对称轴的基本图形——等边三角形（见图5-21）。

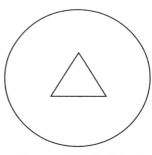

图5-21 学生作品（3）

活动3：请你在圆中添加一个基本图形，使组合图形有2条对称轴。

预设：圆形里面的基本图形具备2条对称轴的有很多，学生在此活动中，出现了内添多种图形的设计形式，例如内添长方形、内添菱形等（图5-22）。在此基础上，可以继续让学生尝试在圆中添加一个基本图形，使得组合图形有1条对称轴的情况。

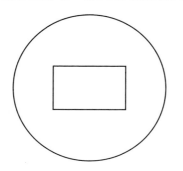
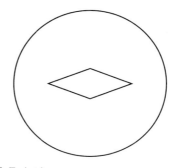

图5-22 学生作品（4）

活动4：请你在圆中添加一个基本图形，使组合图形有无数条对称轴。

【设计意图】 单独来看这个活动，学生会有一定困难，但在本节实验课的最后尝试操作后会让学生有恍然大悟的感觉，由于前面几个活动的示范作用，给学生提供了丰富的经验，学生很容易想出要使得组合图形具有无数条对称轴，圆形中的基本图形也必须为圆形（见图5-23）。

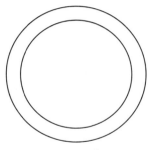

图5-23 学生作品（5）

环节三：总结经验，拓展研究

今天我们一起研究了在圆形中内添基本图形，使得组合图形有不同条数的对称轴问题，你的收获是什么？

要想使组合图形有对应数量的对称轴，内添的图形就需要有几条对称轴；并且内添的基本图形中心需要与圆的圆心重合，即两个图形的对称轴都相交于同一点。位置改变后，组合图形的对称情况会发生改变，而位置不变、大小发生变化，对称情况不变。

五、活动建议

1. 建议在准备学习单的基础上，给学生准备充足的圆形纸片，在学生画完之后无法想象时提供更多的帮助，发展空间观念。

2. 要保证组合图形有4条对称轴，是不是一定要添加一个具有4条对称轴的基本图形？关于这个问题的检验，相对于学生来说验证有困难，因为就目前积累的知识来看，他们只认识正方形具有4条对称轴，所以课堂上"验"的过程可放在第二个问题上，添加的图形位置和大小是否影响对称现象。

3. 对于本节课中的4个活动可尝试将活动都操作完成后，让学生发现问题，大胆猜测，验证问题。

六、教师反思

本节轴对称图形的实验课，是顺应学生的认知经验，引导学生经历基于经验生长的学习过程。轴对称变换是一个动态的过程，这给学生的认识带来一定的困难，然而学生对轴对称图形又有着相当丰富的感性认识。因此在活动中，教师努力构建具有教育性、创造性、实践性、操作性的活动，以鼓励学生主动参与、主动探索、主动思考、主动验证，以学生的自主活动和合作活动为主，让学生的个性得到充分的发展。

在本课中，让学生画出多种满足条件的对称图形是有一定的难度的。

然而，本节课中的"画"又是学生必须经历的，让学生动手画图可以反映出他们对几何概念的理解。同时，教学中，立足于引导学生对整个过程的反思，教师不断发问，让学生对轴对称变换的基本特点进行再思考，从而加深对组合图形对称现象的认识，提高学生的数学认知水平。

七、点评

本节课的一大特点就是具有挑战性，正如教师在文中所说的"小学生不仅对好玩儿的事儿感兴趣，也对富有挑战性的数学感兴趣，我们创设开放性、探究性的拓展课程，就是给学生创造感兴趣的机会，在拓展课程中展示自我，发展自我，从而感受数学学习是很重要的活动"。在挑战的过程中，学生经历了思考尝试、发现问题、提出问题、验证问题、总结归纳的过程，从中不仅加深对组合图形轴对称的认识，同时也积累问题解决的经验。

本节课的探究具有很强的开放性，学生需要充分发挥想象力，在圆中加入不同的基本图形。学生的创造力不断被激发，但学生还需考虑到题目的要求，在这一放一收中，学生逐渐将自己的思考理性化，又体现了数学学习严谨的特点。

尊重孩子的天性，在游戏中体悟探究性学习
——以"24点游戏"为例

一、活动背景

孩子的天性便是玩，如何将玩与孩子的学习更好地结合起来？夸美纽斯认为，利用游戏的教学能激起儿童"求学的欲望"，游戏式教学是回归儿童天性的教学。随着课改的深入发展，游戏教学逐渐进入教育工作者的视野。成功的游戏教学不仅能够寓教于乐，还能够让学生在轻松愉快的学习氛围中掌握知识，引起学生的数学学习兴趣。数学游戏教学虽然与探究性学习有些许差异，但二者均以学生为主体，在教学中更关注学生的学习，关注学生在学习中的主观感受及变化，让学生在主动接受的过程中促进能力的提高与发展，在玩中学习数学。在小学数学游戏中，多数游戏需要学生动手操作，自己动脑筋解决问题，在这一过程中，学生通过努力发挥想象进而促进自身创造力的发展。

"24点"是传统的纸牌游戏，是通过扑克牌来完成的竞争性智力游

戏，其主要目的在于锻炼玩家的临场应变和速算能力。24点游戏能够有效促进大脑逻辑性的发展。研究表明，24点游戏能够提高记忆力和头脑清晰度，甚至可以治疗和预防老年痴呆症等大脑疾病。因此，一些科学家和研究人员建议将24点游戏作为日常活动的一部分。

在知识储备上，学生已经学习了四则混合运算，并已经认识了小括号和中括号，已经具备了把分步算式写成综合算式的能力。本课的学习既可以使学生的口算速算得到训练，也可以让学生在把分步写成综合算式方面得到训练。本节课的教学以游戏活动的外显形式引导学生对四则运算进行深度探究，在丰富对四则混合运算的认识、提高运算能力的同时，激发学生的学习兴趣，不断培养学生主动探索、解决问题的意识和能力，提升学生的数学素养。

二、活动目标

1. 让学生掌握算"24点"的基本方法，并在游戏中巩固混合运算的运算顺序。

2. 激励学生自主探究解决问题的策略，培养学生的合作精神和创新意识，激发学生学习数学的兴趣。

三、活动准备

每4人准备一副扑克牌，课件。

四、活动过程及设计意图

环节一：谈话导入

教师手持扑克牌，提问：认识它吗？它有几种花色？几个数字？是的，这是一副小小的扑克牌，用它能玩几十种游戏，同学们，你会用扑克牌玩哪些游戏？

学生自由发言。

揭题：这节课我们来玩一种和数学有关的扑克游戏——算"24点"。

提问：你会玩算"24点"吗？能否说说怎么玩？

结合学生的介绍，教师出示游戏规则：

（1）准备扑克牌A～10各一张（A表示1）（去掉J、Q、K、大王、小王）

（2）在我们准备的扑克牌中拿几张牌，利用学过的加、减、乘、除进行计算，使最后的结果是24。但要注意，每张牌只能用一次，所有牌都要使用上)。

【设计意图】 通过谈话的方式导入,拉近了教师与学生的距离。而人人知晓的扑克牌出现在课堂中,更是激发了学生的学习兴趣。

环节二:学一学

1. 新手教程。

(1)出示扑克牌3。

教师提问:假如不限定你出几张牌,我的手上有一张"3"的扑克牌,你手上的牌出几,就能和我的这张牌计算得出24?

方法一:出8,三八二十四。

方法二:出3和7,三七二十一,加3就是24。

方法三:出3和9,三九二十七,27减3就是24。

【设计意图】 本环节旨在要求学生了解每个数字构成24的方法是不同的,并帮助学生找到如何快速算出24的策略。

(2)依次出示扑克牌1、2、4、5、6、7、8、9、10,让学生说出如何算出24。

教师归纳并提问:刚才同学们除了用上"三八二十四、四六二十四",还想到了其他一些方法,看来凑成24的方法还是很多的。你知道哪些数比较容易算出24吗?

【设计意图】 让学生了解每一个数字构成24的方法有多有少,并体悟哪些数字更容易算出24,利于后续活动的开展。

2. 闯关。

第一关:基础闯关。

(1)课件出示3张牌:7、6、3。

教师提问:联系这3个数,哪些数能让你直接想到24?

(6,因为四六二十四;3,因为三八二十四)

教师引导:根据6去找4,能通过另外两张牌找到4吗?怎么找?(7-3=)4。根据3去找8,能通过另外的两张牌找到8吗?(不能)那么,这3张牌应该怎样才能得到24?

学生思考后得出:7-3=4,4×6=24。

(2)课件出示3张牌:7、8、9。

学生互相讨论,说说自己的想法。

教师引导：这里有8，如果去找3，行吗？（不行）那该怎么办？

教师提示：如果乘不行，就用加法试一试。

学生试算出并汇报，教师板书：

$$7+8=15$$
$$15+9=24$$

小结：我们在算"24点"时，当一种方法行不通时，可以换其他方法再进行试算。

（3）组织活动：分小组，用下面各组牌上的3个数算出24。

第一组：2、3、4；

第二组：3、8、9；

第三组：3、5、9。

学生先在小组内讨论，然后把各自的想法写出来，最后汇报交流。

教师根据学生汇报，板书：

$$2、3、4：2\times3\times4$$
$$3、8、9：9\div3\times8$$
$$3、5、9：3\times5+9$$

（4）教师任意摸3张牌，让学生比赛算"24点"，对算得又快又准的学生予以表扬，并明确：有些是算不出"24点"的。

【设计意图】通过多样的实践练习，将数字由少变多，不断增加问题的难度，让学生在闯关的过程中明确：有些数放在一起是不能算出24的。

第二关：挑战自我。

教师提问：下面加大游戏难度，刚才我们用的是3张牌，现在我们用4张牌，游戏规则还是一样，注意：每张牌只能计算一次。

（1）课件出示4张牌：A、2、5、8。

教师提示：这里的A代表数字1，先让同桌交流想法，然后写在本子上。

（2）你能用下面每组4张扑克牌上的数算得24吗？

第一组：A、2、6、6；

第二组：4、5、7、8；

第三组：3、4、7、9。

让学生说方法，教师适时指导。

【设计意图】通过所给的数字感受在计算24时方法是多种的，激发学生挑战的欲望，训练学生对于四则混合运算的速度和反应能力。

环节三：课堂小结

这节课我们开动脑筋，利用学过的加、减、乘、除算"24点"，计算时我们要注意找到3和8，4和6，2和12，这样就能方便快速地算出24。另外，算"24点"时，当一种方法行不通时，可以换其他方法再进行试算。

【设计意图】 让学生在闯关后总结计算24点的技巧与感受，帮助学生系统地回顾计算24点的知识要点，形成丰富的认知经验。

环节四：组织学生以组为单位进行比赛

方法：以大组为单位回答问题，答题时大组中任意一个成员想到答案立即举手，老师示意举手最快的同学回答问题，答完一题再答下一题。1分钟回答题数最多的获胜。每个大组在答题过程中，其他大组不得发出声音。

【小知识】

24的秘密：一副牌，去掉大小王，4张牌一组（即一个牌组），可有1820种不同的组合，其中1362个牌组有解，有976个牌组最终可以用两数相乘的方法算出24，占有解牌组的72%。

五、活动建议

1. 介绍几种常见的计算方法。

"24点"作为一种扑克牌智力游戏，还应注意计算中的技巧问题。计算时，我们不可能把牌面上4个数的不同组合都去试，更不能乱凑。给学生介绍几种常用的、便于学习掌握的方法。

（1）利用 $3×8=24$、$4×6=24$、$2×12=24$ 求解。

把牌面上的4个数想办法凑成3和8、4和6，12和2，再相乘求解。如8、5、4、10可组成 $(8-10÷5)×4=24$ 等；又如6、3、3、5可组成 $(6+5-3)×3=24$ 等。实践证明，这种方法是利用率最大、命中率最高的一种方法。

（2）在有解的牌组中，用得最为广泛的是以下6种解法：（我们用a、b、c、d表示牌面上的4个数）

① $(a-b)×(c+d)$：如 $(8-5)×(4+4)=24$。

② $(a+b)÷c×d$：如 $(7+5)÷4×8=24$。

③ $(a-b÷c)×d$：如 $(8-10÷5)×4=24$。

④（a+b-c）×d：如（6+5-3）×3=24。
⑤ a×b+c-d：如 5×6+2-8=24。
⑥（a-b）×c+d：如（3-2）×12+12=24。

2. 在课后可以组织学生进行一次"24点"的比赛，激发学生学习实验课的兴趣。

六、教师反思

"24点"是一种数学游戏，这种游戏简单易学，健脑益智，是一项极为有益的活动。本节课是一节数学实验课，主要是培养学生的计算和巧算的能力，培养学生的数感。巧算24点能极大限度地调动眼、脑、手、口、耳多种感官的协调活动，对于培养我们快捷的心算能力和反应能力很有帮助，它以独具的数学魅力和丰富的内涵正逐渐被越来越多的人所接受。

"24点游戏"这节课主要采用玩扑克牌的形式，综合运用所学的知识，组织学生活动，巩固了学生已有的知识技能，调动了学生学习数学的积极性、主动性。使学生在"玩"中增强了合作意识，培养了创新能力。

第一，从易到难，探究方法。先从3张牌开始，让学生知道游戏活动的规则，再让学生说说怎样算出24，总结出一些基础的方法：见6找4、见3找8和见4找6。从3张牌再到4张牌，从同桌讨论到独立思考，从易到难，循序渐进，让学生体会算24点的基本方法和算24点的灵活性和多样性，学生的积极性非常高。

第二，培养合作意识，倾听学生回答和思考的过程。4张牌算24点时，计算过程要复杂一些，借此机会培养学生主动探究、合作交流的意识。学生算完后，可以在小组里介绍自己的算法，大家可以互相补充，互相吸收，在合作中交流，在交流中分享，逐步增强合作的意识。

第三，培养竞争意识。活动过程中，采用比赛的形式，使单调的玩扑克游戏生动活泼，也调动了学生学习的积极性，培养了学生公平竞争的意识，形成团队协作的氛围。让学生在比赛中感受到算24点可能有好多方法，鼓励学生想出不同的方法，在感受算法多样化的过程中，培养学生思维的灵活性，体会解决问题方法的多样性。

七、点评

教师充分利用教材中提供的"数学文化""你知道吗""数学好玩""数

学游戏"等素材进行挖掘，设计成好玩的数学活动，使学生在快乐的数学活动中，对数学产生极大的兴趣，从而喜欢上数学，能够积极主动地学习数学。

数学游戏参与课堂，更主要的是通过游戏理解数学，而且更加有数学味的游戏，会让数学好玩又有"营养"。24点游戏，这一内容与运算律有机地结合在一起，除了能更好地理解运算顺序，培养学生运算能力，还减少了单纯计算的枯燥与乏味，培养了学生的合作与竞争意识。

动手动脑中探究，将生活经验数学化
——以"制作天平"为例

一、活动背景

对低年级的学生而言，开展探究性学习的主要方式为动手操作。动手操作利于将学生的生活经验数学化。学生生活经验的储备是丰富多彩的，所以数学学习应该建立在学生已有经验的基础上。课程标准提倡创设贴近生活的数学情境，其目的不仅仅让学生感受数学同生活的密切联系，而且帮助学生理解数学知识。在动手操作中，教师讲、学生听的灌输式模式不见了，取而代之的是学生自己发现问题、解决问题，形成数学认知的过程。

"制作天平"这一数学实验课活动是在学生学习了一年级数学上册中"比大小、比多少、比轻重"的基础上衍生出来的，有利于帮助学生进一步理解比较，为后续的"数字天平"的学习打好基础，进而为后续学习方程、理解数量之间的关系做铺垫。

学生认为数学课上的天平就是在纸上画个简单的图，这激发不了他们的兴趣，他们更愿意自己动手制作一个天平。有些学生虽然自己做过天平，但是仅仅是为一个小手工去做着玩，并没有关注到，其实在制作天平的过程中可以学到的东西很多。例如，掌握天平的构造、明白天平的原理、进一步体会比较轻重的方法、知道遇到困难时该怎么办，等等。如何借助学生对于制作天平的热情，帮助学生更好地学习数学，从动手操作中掌握数学知识，从做中学。基于以上思考，我设计了"制作天平"这样一节实验课。

二、活动目标

1. 借助重量天平，通过观察、尝试、创作等实验活动，尝试制作天平，帮助学生直观、深入地了解天平的构造，进一步理解如何利用天平进行比较。

2. 通过操作天平，进一步理解建立平衡的关键是看重量，而与物体的大小、长短、胖瘦等无直接关系。

3. 尝试制作天平，想办法解决遇到的困难，积累数学实验活动的经验，体会做数学实验的乐趣，培养探索与尝试的精神。

三、活动准备

1. 物品准备：废旧物品（自选材料）。

2. 知识经验准备：

（1）重量、长短、高矮等的比较方法；

（2）对天平的初步认识。

四、活动过程及设计意图

环节一：寻找原型，激活平衡经验，尝试制作天平

1. 请同学们回想一下，我们是如何比较两个物体的轻重的？

预设：

（1）把东西放到跷跷板的两边，轻的翘起来，重的压下去；

（2）如果重量差别大，可以放在手里掂一掂；

（3）还可以用天平称一称。

2. 如果两个东西一样重，放在天平上会怎样？

预设：平了（平衡了）。

3. 平衡是什么意思呢？

预设：平衡就是左右两边一样重。

小结：两个物体的重量一样，左边和右边一样重，左边和右边的重量相等，天平就平衡了。

4. 老师带来一个天平，仔细观察，天平上有什么？

5. 为什么天平两边物体的重量一样，它就平衡了？

6. 天平可以让我们知道物体的轻重，我们能不能自己设计一个天平，来帮助我们得到物体之间重量的关系？

（利用一周的时间，每人在家尝试制作天平）

【设计意图】 由学生关于比较轻重的原有认知入手，让学生在回顾比较方法的过程中，激活学生对于平衡的经验积累。在对天平的构造有了初步的了解之后，独立尝试制作天平。由于学生的年龄限制，允许家长帮忙完成制作过程中比较难操作的部分，但是构思需要学生自己独立完成。

环节二：汇报设计，谈论改进

1. 谁来介绍一下自己设计的天平？

2. 对图 5-24～图 5-26 中的天平，有什么好的建议或者疑问？

预设建议：

（1）②号的支点被瓶盖影响，不能灵活地左右摆动；

（2）要注意放托盘的地方离支点一样远；

图 5-24　自制天平①

图 5-25　自制天平②

图 5-26　自制天平③

（3）两个托盘到横梁的距离要一样远；

（4）③号托盘这样放不准。

预设疑问：

（1）为什么放托盘的地方要离支点一样远？

（2）①号天平横梁上的孔是干什么的？

（3）③号天平中间为什么有一个针？还有一个带刻度的"尺子"？

3. 你打算如何改进？

4. 统一想法，制造数字天平。

【设计意图】 针对自己制作的天平，交流自己制作过程中的心得、体会等，特别是遇到困难时是如何克服的，让学生感受到制作天平的不易和成功后的快乐。再通过学生的讨论、对比、质疑、建议等，进一步改进自己的天平，加深对于天平构造的认识。

环节三：操作天平，消除误区，加深理解

今天，我们就用天平来比较物体的轻重。

活动1.初次操作体验，感受利用天平比较物体轻重的直观、简便。

1. 请用你制作的天平，比较物体的轻重。
2. 小组内交流：我是如何比较的？

学生作品见图5-27～图5-30。

图5-27　学生作品（1）

图5-28　学生作品（2）

图5-29　学生作品（3）

图5-30　学生作品（4）

3. 在比较的过程中，你有什么发现？

预设：

（1）我的一堆东西竟然比一块橡皮轻！

（2）我的两块电池一样重。

（3）两个托盘上放同样数量、同样大小的砝码，天平平衡，两边一样重！

（4）石头虽小，却比大的纸片重。

（5）我放了同样重量的东西，可是天平没有平衡，我得改进我的天平后再比较。

活动 2. 再次操作体验，消除误区。

1. 通过操作，我们发现，多的东西不一定比少的重，小的东西也不一定比大的轻。那长的东西一定比短的重吗？粗的东西一定比细的重吗？请你自选物品，亲自验证一下吧。

2. 汇报：通过再次操作，你又发现了什么？

预设：比较轻重，只能看谁被压下去，谁就重；谁被翘上去了，谁就轻。

【设计意图】 让学生用自己制作的天平去比较物体的轻重，在操作的过程中，进一步发现自己制作天平的缺点和原有认知的错误，从而继续改进天平，消除误区。本环节的两次体验活动，让学生既感受到了利用天平比较物体轻重的直观、简便，又对比较有了更进一步的理解。

环节四：回顾总结，加深理解等式

1. 这节实验课好玩吗？你学会了什么？还想到了什么？
2. 还有没有其他样子的天平？
3. 天平是谁造出来的？
4. 怎么知道东西到底有多重？
5. 天平只能比较轻重吗？

【设计意图】 通过对制作天平的回顾，加深学生对比较的认识，又激发学生继续研究下去的热情，让学习持续发生。

五、活动建议

1. 给学生充足的时间去制作天平，例如一个星期。
2. 制作过程中较难操作的部分可以请家长帮忙，例如打孔。但是选择什么材料，各部分如何构架，需要学生独立完成。
3. 学生初次制作的天平可能比较粗糙，甚至无法达到平衡，我们要在肯定他的优点后，提出具体的、可操作性强的改进建议。
4. 制作天平不是一件简单的事情，我们要给学生多次修改的机会，这样不仅天平制作得越来越精准，还能从中锻炼学生遇到困难不气馁，遇到失败不放弃，勇敢尝试等品质。

六、教师反思

正像学生说的那样："数学课上的天平就是在纸上画个简单的图，我们更愿意动手自己制作一个天平。"是呀，数学课上，我们经常借助简单的画图帮助学生直观地理解抽象的数学知识，让数学的学习不再那么抽象难懂，所以，画图是一种特别好的方法，它可以帮助我们理解复杂的、难懂的、抽象的数学知识，让学生在学习数学之初，不会望而却步。同时，我们也应该意识到，再直观的图也不如实际存在的物让学生更易于接受和学习。图可以看或者想象，而物不仅可以看、想象，还可以摸、闻、拉、拆分、合并……这样学生在动手做的过程中，就会更感兴趣，他们也更容易发现问题，提出问题，并积极想办法去解决问题。这也正体现了我们"验问"课堂的特点，也是我们的校训"实践求真，验问达明"的很好的实践探索。

我设计这样一节课的目的并不单单是针对比较轻重这一个内容，除了为后续的"数字天平"的学习打好基础，我更希望在学生高年级学习方程，找等量关系时，能回想起我们的天平左右两边重量一样，天平就平衡了，用算式表示就可以用等号连接了，由此拓展联想到"长度天平""人数天平""容积天平"……也就是说，无论是长度、人数、容积，我们都可以像比较重量一样放到"天平"上比较，只要左右两边一样，天平就平衡了，用算式表示就可以用等号连接了。

七、点评

针对小学低年级学生形象思维占优势、抽象思维相对较弱的特点，在学生学习了比较物体轻重、大小、长短等的基础上，设计制作天平这样一节课很有必要。学生在动手设计天平的过程中，不仅对天平的构造有了一定的认识，更重要的是对于"平衡"有了更深入的体会。

从问题解决的角度上看，学生在制作的过程中会面临各种各样的问题，比如天平支点问题、平衡问题、精确性问题、如何比较轻重，等等，都要通过学生的思考、反复的改进、不断的探究去解决。在这个过程中，学生解决问题的能力就会在不知不觉中得到提升。

本节课的内容不是一个孤立的内容，它不仅是已经学过的比较知识的拓展，还为以后学习数字天平、理解等式的意义、体会方程中各个量之间的关系奠定了基础。

下篇

验问实效：数学『Σ』课程中的师生发展

评价是对教师教学与学生学习的检验，指向"以人为本"的教学理念。1971年美国学者格朗兰德用一种极为简洁的方式对评价加以表述：评价 = 测量（量的记述）或非测量（质的记述）+ 价值判断。因此，在评价时我校通过定性与定量的评价，借助"验""问"来培养学生实事求是的态度，独立思考、善于发现问题、提出问题与合作交流的能力，创新精神与实践能力等。

验问课程突出了学思结合、知行合一，倡导敢于发问、不断探索、大胆实验的精神，学校数学课程在验问课程理念下根据数学学科的特点、学习的内容类型、学生的认知特点，重点培养学生数学学习理解能力、数学实践应用能力和数学创造迁移能力。因此，对教师的评价与学生的评价均十分关注学生学习的历程。在对学生进行评价时，对应数学三维目标知识与技能、过程与方法、态度与价值观，力争通过数学课程的建设推动发展学生作为一个公民应具备的数学基本素养，注重学生学习的过程，注重运用数学思维、数学思想方法解决问题的能力以及所表现出来的情感态度价值观。在对教师进行评价时，学校不仅关注教师个人的发展，还十分注重教师团队的成长，因此，教师的评价将从教师个人专业发展评价与教师团队评价两方面展开，更关注教师在教学与研究中的所获所得，关注教师成长的"净效应"。

第六章

学生成长——全面发展，学有所长

在学校基于创造教育思想的办学目标中提到，这所学校是学习者的检验所，验问者的实验室，创造者的体验园。我们希望，在这里，学生检验、检测真理；在这里，学生思考、探索、质疑、发现；在这里，学生感受创造的快乐，幸福成长。学校教育是否通过课程达成了这些培养目标呢？本章节将从学生评价的理念与方式、验问课堂中的学生发展、项目式学习方式的成效三个方面对数学"Σ"课程的学生培养效果进行总结与反思。

第一节 学生评价的理念与方式

一、学校课程评价的理念与方式

学校的数学学习评价是在"验问课程"的总体评价体系下，面向学生学习效果的，集诊断性评价、形成性评价、全面性评价于一体的多元评价方式。因此，首先对学校整体课程的学生评价理论与方式进行说明。

（一）关注问题的诊断性评价

诊断性与终结性评价是把握学生基础知识掌握情况，判断学科素养形成的必要手段，尤其在基础课程领域，通过学科定期检测，及时发现学习中的问题并补证，梳理经验，交流分享。比如对海淀区七年级历年学业质量检测结果进行数据分析和解读，明确发展方向；联合教育行政部门、科研院所和第三方机构对学生科学、艺术、体育素养等进行诊断，做出分析报告，指导课程教学。这时，学校是学生检验、检测真理形成过程的检验所。

（二）关注过程的形成性评价

形成性评价涉及不同领域、不同学科，甚至打破学科边界的广域课程，重点关注学生思维、情感、态度、能力等方面的多维度评价，贯穿学习的全过程。整个评价是动态的、发展的。比如学校实验课程中的"立夏课程"（见表6-1），既有定量的"得分表"，又有定性的"我想说"。这时，学校是学生思考、质疑、探索、发现的实验室。

表6-1 "立夏课程"形成性评价表

项目	评价内容	赋分	得分
统筹规划	1. 结合班级特色，选取合适的主题	4	
	2. 根据主题规划工作（有具体工作流程、步骤可加5分）	4	
	3. 明确要完成的分任务	4	
	4. 制订摊位整体布置计划	4	
	5. 制定物品清单	4	
团结合作	1. 有明确的分工结构	4	
	2. 能够结合个人特长与意愿明确自己的职责	5	
	3. 活动中能够有商有量，不独断专行	4	
	4. 尊重他人，也积极发表自己的想法	5	
	5. 不抱怨，做团队中的"鼓励者"	5	
问题解决	1. 能够根据各个分任务梳理"问题串"	5	
	2. 结合"问题串"——制定解决方案	5	
	3. 能够找到相应学科教师提供知识、能力等方面的帮助	4	
	4. 对老师提供的帮助能够做到合理判断，有取舍，不盲从	4	
	5. 能够利用书籍、网络资源解决问题	4	

续表

项目	评价内容	赋分	得分
问题解决	6. 进行市场分析与产品调查	4	
	7. 解决问题有计划（有具体步骤可加 5 分）	4	
审美表达	1. 摊位主题清晰、布置美观	4	
	2. 产品结构牢固、外观美观	4	
	3. "立夏"文化体现多元	4	
	4. 能够用语言文字（中、英）、绘画、书法、音乐等方式综合表达"立夏"文化	4	
	5. 能够设计海报、宣传语为自己的摊位做宣传	4	
	6. 语言表达条理清晰、简洁流畅	5	
评价反思	1. 尊重他人劳动成果	4	
	2. 公平、理性评价	4	
	3. 分析他人成果的优缺点	4	
	4. 能在活动过程中持续反思，不断改进	5	
	5. 梳理整个活动，反思自己，书写心得	5	
合计		120	

（三）关注成长的全面性评价

学校在逐步建构完整的学生评价体系，即"创造者的科技树"（见图 6-1）。我们坚信人人具有创造力，皆有创新之潜能；每个个体的差异带来发展方向的不同。我们尝试兼容诊断性、形成性、终结性评价，结合德育"争星"，课堂"集星"，活动"造币"等不同工具，关注、唤醒不同学生的潜能，串联六年的成长，促进学生自我发展。每个学生都有自己独特的"科技树"，它们长得各不相同，但终将长成大树。这时，学校是学生感受创造快乐的体验园。

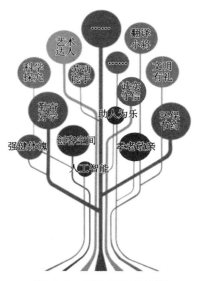

图 6-1 创造者的科技树

二、数学课程评价的理念与方式

就数学学科而言，为了促进学生更好地学习数学，发展学生的数学素养，在学校整体评价的基础上，数学课程在学生评价方面又进行了更多学科化的探索。数学学科的学生评价注重学生解决问题时的知识理解、认知表现和过程性表现，教师根据学生的这些行为表现反思教学结果，调整教学设计，从而为学生更好地学习提供有效的保障。

（一）学生的理解力评价

学生理解力的评价包含六个维度，分别是：解释、释义、应用、洞察、移情和自知。其中"解释"维度注重学生回答"是什么？为什么？如何做？"的问题；"释义"维度的内容是让学生回答"意义是什么？为什么重要？与自己有什么联系？"的问题；"应用"维度的内容需要帮助学生熟练地将知识技能应用到新情景中，能让学生回答"怎么应用这些知识和技能？什么时候用？怎么调整理论和行为适应新的情境？"的问题；"洞察"维度的内容是帮助学生批判地看待问题，学会质疑；"移情"维度的内容是让学生学会换位思考，换角度思考问题，这也是三维目标中情感态度价值观的要求；"自知"维度的内容帮助学生建立元认知思维，发现自己的优势和劣势，能够让学生进行自我监控式的学习。数学课程针对理解的六个维度，设计出表现性任务量表，具体见表6-2。

表6-2　针对理解的表现性任务量表

维度	表现性任务/评价
解释	什么是折线统计图？折线统计图包括哪几部分？
释义	为什么还要学习百分数？
应用	折线统计图在哪还用到？
洞察	请观察这几幅图，你还有什么疑问？
移情	如果是你来选择，你会怎么做？
自知	学完这节课，你是怎样理解小数的？

（二）学生的思维水平评价

在整个学习过程中，学生表现出来的能力并不是单一的，而是多种能力共同作用的结果，所以我们采取 SOLO 分类法，通过学生的表现分析学生的思维水平，具体见表6-3。

表6-3　SOLO 分类层次对应的水平表征

层次	表征
前结构水平	获得的数学信息有限，而且是没有关联的，对课堂所学一点也不明白，只是单一地把无关紧要的问题加在一起
单点结构水平	找到了一个解决问题的思路，或找到并运用与之相关的、有效的一个信息
多点结构水平	找到了多种解决问题的思路或多个有效信息，但并没有把它们有效整合起来
关联结构水平	找到了多种解决问题的思路或多个有效信息，并能有效地整合起来，发现联系
拓展抽象水平	学生能够对问题进行抽象的概括，从理论的高度来分析问题，而且能够深化问题，使问题本身的意义得到拓展，并逐渐关注与之不同的关联结构，并应用于其他领域

（三）依据 4MAT 学习模型评估学生的行为表现

教师的问题结构直接影响到学生的表现行为，以及师生、生生之间的对话深度。因此，学校的数学课程依据麦克锡（Bernice McCarthy）提出的 4MAT 学习模型，针对不同的课型，分析不同的问题结构所产生的学生行为表现，从学生行为动词来判断学生的认知层次，从而更好地为教学服务。

如表 6-4 所示，4MAT 学习模型根据人的学习风格不同将问题分成四类，以循环的方式进行编列，旨在提高学习者的综合素质。4MAT 学习模型提出，任何学习都是由"为何—是何—如何—若何"组成的循环圈，依次对应"把握学习价值—透彻理解概念—积极操练技能—灵活应用"四个阶段的学习。

表 6-4　基于 4MAT 学习模型的课堂分析表

认知维度	认知层次	教师行为	学生行为动词
结果	了解	是何、为何问题为主	知道、初步认识、识别举例
	理解	是何、为何、如何问题为主	认识、描述
	掌握	为何、如何、若何问题为主	能、初步认识、分析
	运用	为何、如何、若何问题为主	解释、操作、设计、证明
过程	经历	为何、如何问题为主	感受、尝试
	体验	为何、如何问题为主	体会、交流
	探索	为何、如何、若何问题为主	猜想、假设、推导、归纳、发现

第二节　验问课堂，奠定学习基石

课堂作为课程的主阵地，是实现课程培养目标的主要途径，在验问课程下，我们数学课程又是怎样体现"验问"思想的？我们依托"构建小学数学深度交流课堂的实践研究"，对常态课与拓展课进行对比研究，针对师生问答情况进行数据分析，了解学生的问题意识。依托北京师范大学王磊教授的"中小学生学科能力表现研究"项目，进行学生数学核心学科能力发展测评与教学质量诊断的研究，了解学生的数学核心学科能力发展情况。

一、学生问题意识的苏醒

"发问""实验"是验问课程的核心要素，更是数学课堂的重要培养目标和组织方式。几乎所有的数学活动都与各种形式的问题有关，学习始于问题，问题引导学习任务的展开，促进学习者的思维能力和理解能力提升。在教学评一体化的课堂中，学习问题的设计能够更好地提升学生的学习体验，促进学生的学习表现。

（一）学生提问能力的提升

在验问理念指导下的课程实施前后，学校围绕"学生是否善于提问"开展过两次调研（见图6-2）。调查结果表明：教师创设提问机会明显增多，经常提问的学生的占比明显提高，不好意思提问的学生由最初的66.67%下降到50%。由此可见，经过四年验问理念的课堂培养与实践，学生提问的意识与能力，聚焦核心问题的方法，刨根问底的探究精神都逐步提高。特别是提问的层级水平，从识记、理解、应用的低阶思维问题逐步向分析、评价、创造的高阶思维问题发展。

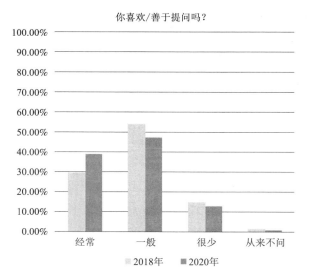

备注：2018年有效填写人数4475人；
2020年有效填写人数4664人

图6-2 学生提问能力的前后对比图

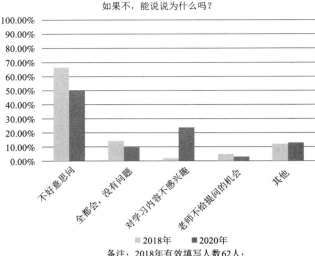

图 6-2 学生提问能力的前后对比图（续）

（二）数学常态课与拓展课的对比实验

在验问课程下，数学课程又是怎样体现验问思想的呢？于是我们通过常态课与拓展课，开展对比试验研究，检验、反思数学课程的实施效果。

以常态课"长方体的体积"和拓展课"树叶的面积"为例，通过学生课堂回答问题类型的对比（见图6-3和图6-4），分析学生问答能力的发展。在这两节课的数据对比中不难发现，学生在拓展课中更容易提出思维水平更高的创造性问题和推理性问题。拓展课给予学生的问题空间更大，

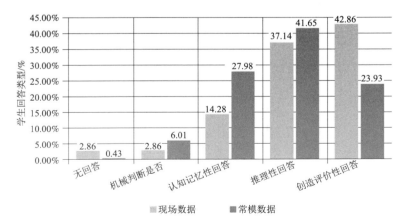

图 6-3 常态课"长方体的体积"学生回答类型

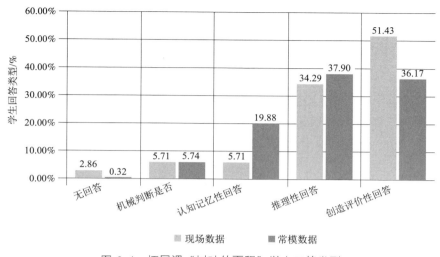

图 6-4 拓展课"树叶的面积"学生回答类型

学生面对贴近生活的问题情境，能够自主提出可研究的问题，并在解决问题的过程中产生更多的创造性问题和批判性问题。

二、学生数学能力的发展

在开展课程建设的过程中，学校还积极探索与高校专家团队的合作路径。其中，数学学科领域，学校数学教师团队积极参与北京师范大学王磊教授主持的国家社会科学基金教育学重点课题"中小学生学科能力表现研究"项目，进行学生数学核心学科能力发展测评与教学质量诊断的研究。借助高校专家的力量，学校教师尝试探索基于实证数据的教学研究与提高数学学科能力的方法，逐步建立对学生数学学科能力的分析、反馈与教学。

2014 年，学校三年级和五年级的学生参加了数学学科能力测评。通过将学校四个校区的学生成绩与同年级海淀区学生成绩进行对比分析，发现学生的数学学科能力发展较好。下面以三年级为例，对学生的整体数学学科能力、理解能力、实践应用能力和创造迁移能力进行分析。

（一）整体数学学科能力

由图 6-5 可以看出，海淀实验二小三年级学生整体数学学科能力的总体表现，橡树、清宁、当代三个校区均超过海淀区同年级学生总体表现，其中当代校区高出海淀区 10.52%，清宁校区高出海淀区 7.86%，橡树校区高出海淀区平均 2.98%。

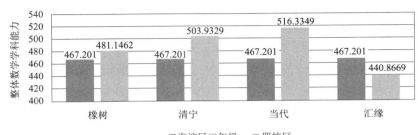

图 6-5 学校与海淀区学生整体数学学科能力对比

由图 6-6 可以看出，我校橡树校区三年级学生在水平 2 和水平 4 略高于海淀区，清宁、当代校区三年级学生水平 3 和水平 4 高于海淀区。也就是说，我校橡树、清宁、当代校区三年级学生的数学交流、数学理解、数学推理和数学联系能力水平均高于海淀区，当代校区三年级学生在数学推理和数学联系方面的优势最为突出。汇缘校区三年级学生在数学推理和数学联系方面处于劣势，需要进一步加强。

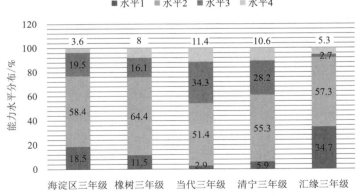

图 6-6 学生数学学科能力水平分布情况

（二）学生理解能力

学习理解能力指的是学生在数学学习过程中，能够及时、准确地提取数学知识，能够用多种表征方式概括数学知识，并在多种表征方式之间进行自由转换，能够建立数学知识之间的横向和纵向的联系，发展、完善知识网络，能够顺利完成获得数学知识的数学推理。

由图6-7可以看出，清宁、当代两个校区近一半的三年级学生处在第二水平，即能够用多种表征方式概括数学知识，并在多种表征方式之间进行自由的转换。橡树校区相较其他校区，在建立数学知识之间的横向和纵向的联系，发展、完善知识网络方面做得较好，但在数学知识的数学推理方面有待加强。清宁、当代校区三年级学生的数学知识推理方面明显高于海淀区及其他校区，但在建立知识间的联系与形成知识网络方面需要进一步加强。

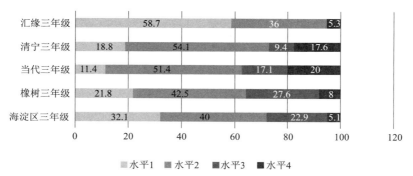

图6-7 学校与海淀区学生理解能力水平对比

（三）实践应用能力

实践应用能力指的是学生在数学学习过程中，能够在数学情境中把实际信息与相关知识进行对应，根据数学的规律和原理完成数学运算类任务和作图类任务；能够结合实际问题情境把实际信息与相关知识进行对应，利用数学知识解决现实的问题，并建立数学模型解决实际问题。

由图6-8可以看出，橡树校区54%的三年级学生处于水平2的位置，汇缘校区接近一半的三年级学生处于水平1，而清宁、当代校区分别有51.8%和60%的三年级学生处于水平3和4。从数据反映的情况可以看出，橡树、当代、清宁三个校区的三年级学生在数学学习过程中，能够在数学情境中把实际信息与相关知识进行对应，根据数学的规律和原理完成数学运算类任务和作图类任务，能够结合实际问题情境把实际信息与相关知识进行对应，利用数学知识解决现实的问题，并建立数学模型解决实际问题。我校三年级学生在能够结合实际问题情境把实际信息与相关知识进行对应，利用数学知识解决现实的问题，并建立数学模型解决实际问题方面虽然高于海淀区，但优势并不明显。因此，在平时的教学中需要加强数学联系实际，解决真问题、真情景，建立并积累用数学模型解决实际问题的教学实践。

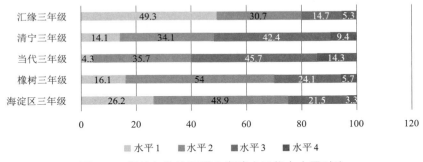

图6-8　学校与海淀区学生实践应用能力水平对比

（四）创造迁移能力

创造迁移能力指的是学生在数学学习过程中，能够对新颖的数学方法有"创造性"的体会和认识，能够展开想象，积极猜想，进行合情推理，能够对数学学习过程中的不同的解决问题方法进行批判性思考，并给出个人的评价，能够从已有知识和技能出发，通过合情推理主动建立相关知识之间的联系，以及对未知的问题进行深入的探索。

由图6-9可以看出，清宁、当代校区近一半的学生能够对数学学习过程中的不同的解决问题方法进行批判性思考，并给出个人的评价，能够从

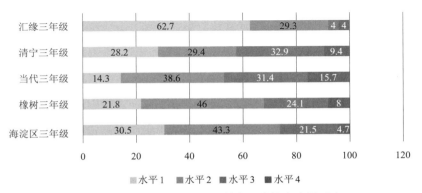

图6-9　学校与海淀区学生创造迁移能力水平对比

已有知识和技能出发，通过合情推理主动建立相关知识之间的联系，以及对未知的问题进行深入的探索。这样水平的学生，橡树校区只有 32.1%，汇缘校区只有 8%。

第三节　项目式学习，迸发创造力火花

现实生活中的知识应用与创新不是将知识割裂成一个个孤立的知识点，而是将知识作为一个整体，学生随时调用恰当的知识和方法，灵活地解决实际问题。因此，数学学科学习应该从学科核心素养出发，注重课程的整体化开发，培养学生适应未来社会需要的关键能力和必备品格。

项目学习是以学生为中心，以项目为载体，学生在教师的引导下，通过合作的方式进行多样化的设计和调查，最后呈现真实的产品并进行展示的一种教学模式。项目学习指向现实问题的解决，强调知识的综合运用，有利于打破学科内部和学科间的壁垒。因此，数学教研组以体现课程整体化为导向，围绕同一主题，找到学科知识间的关联性，对课程进行结构化设计，开发并实践了基于项目式学习的实验课程。在完成主题实践课程的任务链中，帮助学生打开并重构已有的学科知识和能力，提升学科素养，实现创造性学习。

接下来，本小节将以五年级学生的项目学习主题"绘制校园植物分布平面图"为例，介绍项目学习课程的开发经验，以及学生在项目学习中的成长与发展。

一、"我"是课程设计师

项目学习以学生为中心，强调学生的主体参与和自主探索。因此，在项目学习过程中，学生的成长不仅来自学习过程中数学知识和数学能力的提升，参与课程设计的经历本身便对学生的发展具有巨大的促进作用。因此，项目学习课程的设计者不仅仅有教师，更有学生自己。

（一）项目学习主题源于学生的真实问题

项目学习是一种面对真实环境的学习，强调学生在实际活动中的积极参与和实际获得。数学学科以学生的问题本和问题墙作为主题来源，从学生发现和提出的问题出发，拓展出数学主题课程，引导学生通过实践探究的方式展开学习。

教学片段一：观察校园内植物，确定研究问题。

1. 教师提出问题：仔细观察校园里的植物，并详细记录你有什么发现或疑问（见图 6-10）。

图 6-10 学生观察校园中的植物

2. 班级交流，分享问题（见图 6-11）。

图 6-11 学生提出的问题

3. 汇总学生问题（见图 6-12）。

图 6-12　学生问题汇总

4. 确定项目学习的研究问题。

针对学生提出的问题，小组展开讨论，面对这么多的问题，我们该如何解决？

学生：查资料，请教科学老师，请教园艺叔叔，亲自测量。

总结：除了问题 2 和问题 15，其他问题都可以通过查资料、请教科学老师和园艺叔叔等方法得到解决。因此，通过讨论，确定了本次项目学习的研究主题：绘制校园植物分布平面图。

在核心问题"仔细观察校园里的植物，并详细记录你有什么发现或疑问"的引领下，学生充分地观察校园内的植物，产生学习的兴趣和探索的欲望。面对五花八门的问题时，学生在讨论的过程中得到解决问题的方法，体会解决问题策略的优劣，提高解决问题的能力。当然，确定研究主题并不意味着舍弃学生的任意一个疑问，而是采用不同的方法进行分类解决，并最终聚焦值得研究的数学问题——绘制校园植物分布平面图。

（二）组建项目学习小组，设计问题解决方案

团队协作学习是项目学习的主要方式，合理地组建团队并进行清晰、有序的分工是有效学习的重要保障。关于团队的组建，应尊重学生的自我意愿。学生对团队的认同有利于营造归属、接纳的氛围，从而更有利于学生的学习投入和同伴互助，促使他们向着同一目标努力。关于任务分配，以学生自主协商、教师指导的方式进行，合理的任务分配直接影响项目学习的效果。在项目正式开始之前根据项目计划进行清晰、明确的分工，分

工应充分考虑成员的知识基础、能力水平和性格偏好,尽可能使每位同学意识到自己在团队中承担重要工作,提升学生的自我效能感。在聚焦问题的基础上,让学生经历制定研究方案、修改研究方案、完善研究方案的过程,提升分析问题、设计方案的能力。

教学片段二:围绕研究主题,组建团队,设计问题解决方案。

1. 针对"绘制校园植物分布平面图"的研究主题,学生独立思考绘制校园植物分布平面图之前,我们需要做哪些方面的准备?

学生想法:

(1)校园里的树都在哪些地方?有几种?有几棵?

(2)绘制校园植物分布图需要收集哪些数据?怎么收集?

(3)小组内先做好分工。

(4)想好怎么绘制平面图。

2. 组建项目学习小组,讨论、制定研究方案(见图6-13和图6-14)。

图6-13 学生组建团队并商讨问题解决方案

图6-14 学生商讨问题解决方案

3. 小组设计并撰写研究方案(见图6-15)。

小组边交流边整理,在对每个组员的方法进行优劣势分析的基础上达成共识，统一研究步骤，制定研究方案。

指导建议：每个小组针对以上问题进行讨论，确定本小组在绘制平面图之前需要做的准备，例如：分工、需要的工具、步骤等。

项目学习是促进学生自主性发展的重要途径，教师应该充分认可学生的能力，给予学生自主组建研究团队，选择、制定、实施研究项目的机会，尽可能使学生经历完整的研究过程，只有这样，学生才能够获得真实的活动体验，实现发展。

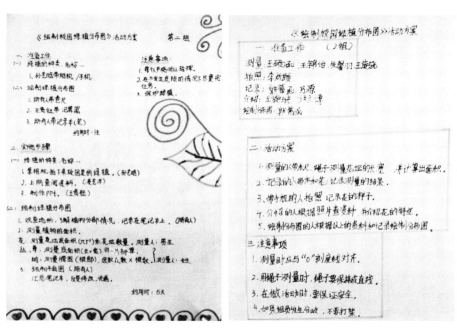

图 6-15　学生设计的问题解决方案

（三）完善方案，实施调查

由于小学生的学习经验有限，教师还是应该在必要的时候给予适当的干预，把握学习的方向。在正式实施调查之前，教师应该帮助学生明确研究方案的基本内容，掌握项目学习必须具备的知识基础和研究方法，为后续方案的调查实施奠定基础。

教学片段三：全班交流、完善方案，实地实施调查。

1. 全班交流，反思、修订活动方案

各小组汇报活动方案，其他小组进行点评，将讨论结果记录在《活动方案讨论记录表》（见图 6–16）中，为修改完善活动方案做准备。

2. 根据交流，你们认为活动方案应该体现哪些内容呢？小组内修改和完善活动方案（见表 6–17）。

活动方案讨论记录表

3 组

	闪光点	完善建议
一组	分工清晰.	应该写如何实践写得清楚些。
二组	能分清第几步要做什么，活动步zhòu清楚.	分工总是几人做，应让更多人做实践活动。
三组		
四组	安排、分工、汇报日期清楚	怎样测量，写得清楚些。不能只研究植物种类。
五组	分工清楚	让每人的任务多一些
六组	目标意需多久做什么，测量方法.	时间（实践）太长了。可以让几人同时在一天带东西。

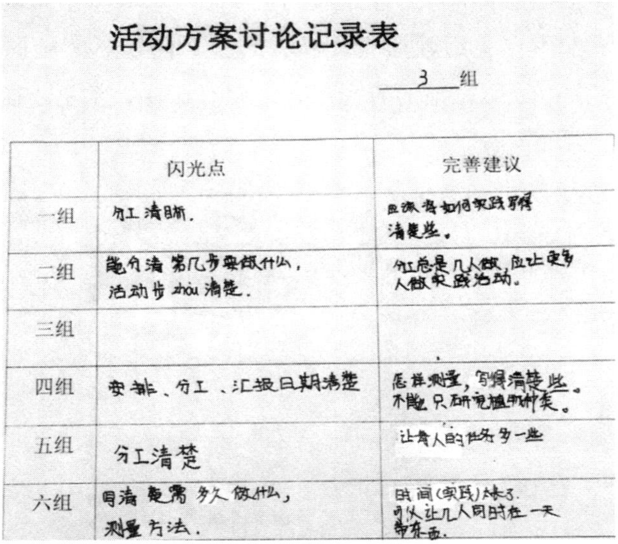

图 6–16　学生记录的方案讨论结果

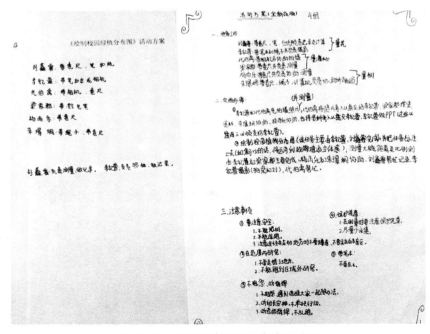

图 6–17　学生活动方案修改前后对比

3. 以小组为单位，按照既定方案，在校园中实施调查活动（见图6-18）。

图6-18　学生在校园中开展调查研究

4. 教师进行跟踪指导，陪伴学生经历、反思调查过程。

我们实地进行了调查、测量的活动，你们在活动中遇到了哪些困难？又是如何解决的呢？

问题及解决办法：

（1）学校的绿化带太长了，卷尺的长度不够？

解决方法：

① 多带几个卷尺，把几个卷尺接起来测量；

② 绿化带外面的地砖长度是一样的，可以测量一块地砖的长度，再数一数地砖的块数，经过计算就知道了。

（2）学校有的绿化带是不规则的图形，不知道如何测量长度，计算面积？

解决方法：

① 利用五年级学过的计算不规则图形面积的知识解决；

② 将半圆或者圆形的绿化带看成近似的其他图形；

③ 自学圆面积的计算方法。

（3）需要测量的绿化范围比较多，记录的数据太多了，整理时不知道数据对应的是哪部分绿植？

解决方法：

① 活动方案分工还需再次完善；

② 根据观察设计数据记录表，边测量边填表。

教师总结：我们已经根据调查过程中遇到的困难进行了交流，希望同学们能够解决在活动过程中遇到的困难，对活动方案做出及时的调整。

真实的活动方案不是一蹴而就的，更不是一成不变的，需要学生根据问题的实际情况，不断地进行反思和修正，而教师则需要给学生提供交流比较、反思改进的机会。只有经历这样的过程，学生才能体验到真实的解决问题的过程和方法，提升实践能力、反思能力和沟通交流能力。

（四）初步展示项目成果，全班交流反思

项目成果的产出是检验项目学习效果的重要标志，也是学生学习成果的展现。展示成果，一方面能够激发学生学习的主动性，促使学生对研究成果进行整理，是对知识和技能的巩固与应用；另一方面也有助于教师了解学生的知识和能力水平，进而有针对性地为学生的学习提供指导。

教学片段：根据数据绘制校园植物分布平面图，全班交流反思。

1. 初步绘制校园植物分布草图。

我们利用课下时间又进行了测量、调查，请根据收集到的数据，初步绘制草图（见图6-19）。

图6-19 小组绘制草图

2. 全班交流方案，分享经验。

各小组对绘制的草图进行展示（见图 6–20），将草图分区域张贴在教室中，各小组逐个讨论其他小组的成果并填写《绘制平面图记录表》（见图 6–21），为全班交流做好准备。

你们已经对其他组的平面图进行了学习和讨论，现在我们一起来交流一下！

图 6–20　展示、评价各小组草图

绘制平面图记录表

三 组

	闪光点	完善建议
一组	画的面积很大	画出图例，绿植画清楚
二组	图例、数据与实际相同。	图例比例失调，大树的棵树不符合实际。
三组		
四组	美观，数据清楚。	平面图与实际不相同
五组	美观，图例明确，颜色醒目。	有些地方的建筑比例失调。
六组	图例很全面，清楚。	平面图比例失调，绿植画的与现实不同。补充数据。

图 6–21　学生填写的记录表

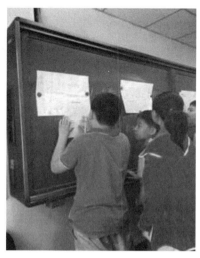

主要围绕以下几个方面进行探讨：

（1）其他小组绘制的平面图最值得欣赏的地方是什么？

（2）你从其他小组的研究成果中学到哪些经验和方法？

（3）你对他们小组绘制的平面图还能提出什么问题和建议？

下面以图 6-22 为例进行讨论。

优点：

① 图例、方向标注清楚。

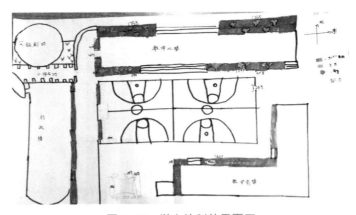

图 6-22　学生绘制的平面图

② 注重了平面图与实际的比例关系：校园内建筑物的比例与实际相差不大。

③ 实际测量的数据在图中有所体现。

建议：

① 观察不够认真：矮牵牛花坛在图中没有体现，行政楼前面的海棠树图中没有。

② 实验帆的比例不正确。

3. 教师带领全班总结经验。

到底怎么做才能制作出与实际相符的平面图呢？我们一块来梳理一下。

（1）数学知识角度：

① 测量每一块绿植的面积（重点交流测量的方法、误差的处理等）；

② 绘图之前先确定好实际距离与图上距离的关系；

③ 图例非常重要，不同的植物在平面图中可以用不同的符号表示；

④ 方向坐标标注清楚，平面图的方向要和实际的方位相一致。

（2）活动过程的反思：

① 观察和记录要认真，每个建筑周围的树木种类和数量要调查清楚；

② 绘制平面图时可以走出教室，在实地进行绘制，避免出现图与实际不符的情况；

③ 组内的成员要分工合作好。

4. 自我反思，改进方案。

针对刚才的讨论，以及同学们提出的问题与建议，每个小组试着对自己的方案进行修改，并撰写实践活动报告。

（五）撰写实践报告，为现实决策提建议

项目学习的重要价值在于指向现实生活，面向现实问题。研究的主题与学生的日常生活息息相关，学生通过撰写实践报告，以科学化、体系化的方式梳理研究的过程和结论，并且根据研究的结果为政府、社区、公司、学校等实体单位提供解决现实问题的建议，能够增加项目学习的现实意义，激发学生学习的内驱力。

教学片段：撰写报告，全班交流。

1. 总结报告要求，撰写小组实践报告。

同学们，我们从"提出问题、聚焦问题"到"设计活动方案、交流、完善方案"，再到"实施调查和测量、记录数据、绘制平面图"，一步步扎扎实实地走过来，总能创造性地解决不断遇到的新问题，老师要为你们点赞！现在，大家手里积累了大量的材料，接下来，我们要撰写实践活动报告，制作交流用的PPT。面对这么多的任务，认真想一想，我们要怎样做？

2. 学生讨论，全班交流。

学生1：要有一个计划。这两件事不能同时进行，因为这两件事之间有重复的部分。我们小组先手写报告的草稿，再完成报告的电子版，之后制作PPT。

学生2：我们组也会按"手写报告—电子版报告—制作PPT"这个大致的顺序去做。但是，因为我们的报告里会用到表格和绘图，我们会安排同学单独画表格和图，这样会更快。

学生3：大家还要事先想好报告中要包含哪些内容，先写什么，后写什么，列出大的框架再写，避免返工。

学生4：我们组想到的报告里要包含：小组成员及分工；用到的工具、器材；整个活动是怎样实施的；调查到的绿植的相关数据；测量得到的关于绿植位置的数据，等等。

学生5：各组要确定交流时的主要发言人。

……

教师小结：看来大家面对较复杂的事情时越来越有计划性，越来越有全局观。接下来，就根据你们各组的具体情况，合理安排，开始行动。

3. 各组分别行动，撰写实践活动报告、制作PPT（见图6-23）。

图6-23 学生撰写报告，制作PPT

4. 全班展示交流（见图6-24）。

图6-24 小组展示交流

在展示过程中，同学们对学校的绿化提出了许多有价值的建议，体现了他们的深度思考，能够真正将知识应用于现实生活。

呵呵小组：我们有两个建议：第一个是建议校园里多栽一些玉兰花，玉兰花春天就开花了，而且特别漂亮；第二个是建议把校园里的柳树移走，因为春天到处飘飞的柳絮也是一种污染。

蠢萌小组：到了夏天百花盛开的时候，我们的校园就没有开花的树了。我曾经在别的学校见过榕树，它到了夏天开花，也很漂亮。我们小组建议在校园里栽两棵榕树。

钰妃小组：虽然我们这次的活动只涉及操场的绿植，但是我还是想对教学楼内的绿植提点建议。我建议楼内选择那些看上去绿油油的、提神醒脑的绿植，这样更符合学生用脑的实际情况。

双鱼骠马小组：我们操场上有一些圆形花坛，把操场和甬道隔离开了，既有实际作用，也很美观。但是，我们学校的学生一年比一年多，上操的时候操场装不下。我们组建议把这些圆形花坛下面安上轮子。平时，花坛在那放着；上操时，把花坛推走，腾出来的地方就能让一个班上操了。

二、"我"有话要说

通过开展项目式学习，给予了学生充分的时间和空间来探索感兴趣的问题，将平时所学的知识创造性地应用到实践中。在这个过程中，学生既加深了对知识的理解和方法的运用，也体会到了知识的现实意义，感受到了成功的喜悦。同时，在将想法转换成成果的过程中，学生学会了如何思考问题、解决问题，培养了学生坚持不懈、持之以恒的探索精神，提升了学生尊重队友、相互合作的团队精神，使学生真正得到创造性的全面发展。

在"绘制校园植物分布平面图"的项目学习过程中，教师鼓励学生反思整个活动过程，将活动中的经验、感受记录下来。学生的反思让我们看到了项目式学习的成效与魅力！

1. 基础知识与基本技能的深化

通过动手操作，亲历测量、绘图的数学活动过程，有的同学对测量方法及其注意事项等进行了反思，测量及绘图有所提升（见图6-25）。

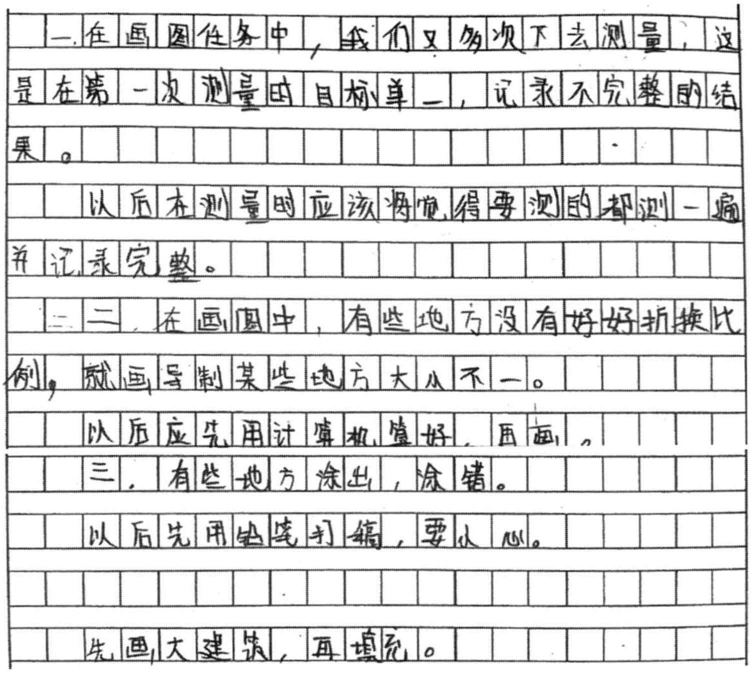
一、在画图任务中，我们又多次下去测量，这是在第一次测量时目标单一，记录不完整的结果。
以后来测量时应该将觉得要测的都测一遍并记录完整。
二、在画图中，有些地方没有好好折换比例，就画导制某些地方大小不一。
以后应先用计算机算好，再画。
三、有些地方涂出，涂错。
以后先用铅笔打稿，要小心。
先画大建筑，再填充。

图 6–25　反思测量及绘图

2. 综合素质的发展

整个项目学习的开展，学生从选定主题、制定方案，到实施调查、撰写总结报告，再到反思总结、提出建议，经历了一次漫长而艰难的过程。在这个过程中，同学们遇到了很多有挑战性的问题，但是解决问题的同时，学生的实践能力、反思能力、团队合作能力等都获得了很大的提升。

现截取学生的部分反思如下。

（1）反思实践能力（见图 6–26）。

（2）反思团队合作能力（见图 6–27）。

（3）反思缺点和失败之处（见图 6–28）。

3. 数学学习态度的转变

在与困难做斗争的时候，不仅同学们的知识得到巩固与应用，同学们的意志力也经受住了考验，得到了磨炼与提升。当面对困难时，学生不会一味地选择放弃，而是迎难而上，调动自己的知识经验，分析问题、设计方案、解决问题。这种意志品质，对于生活同样非常重要（见图 6–29）。

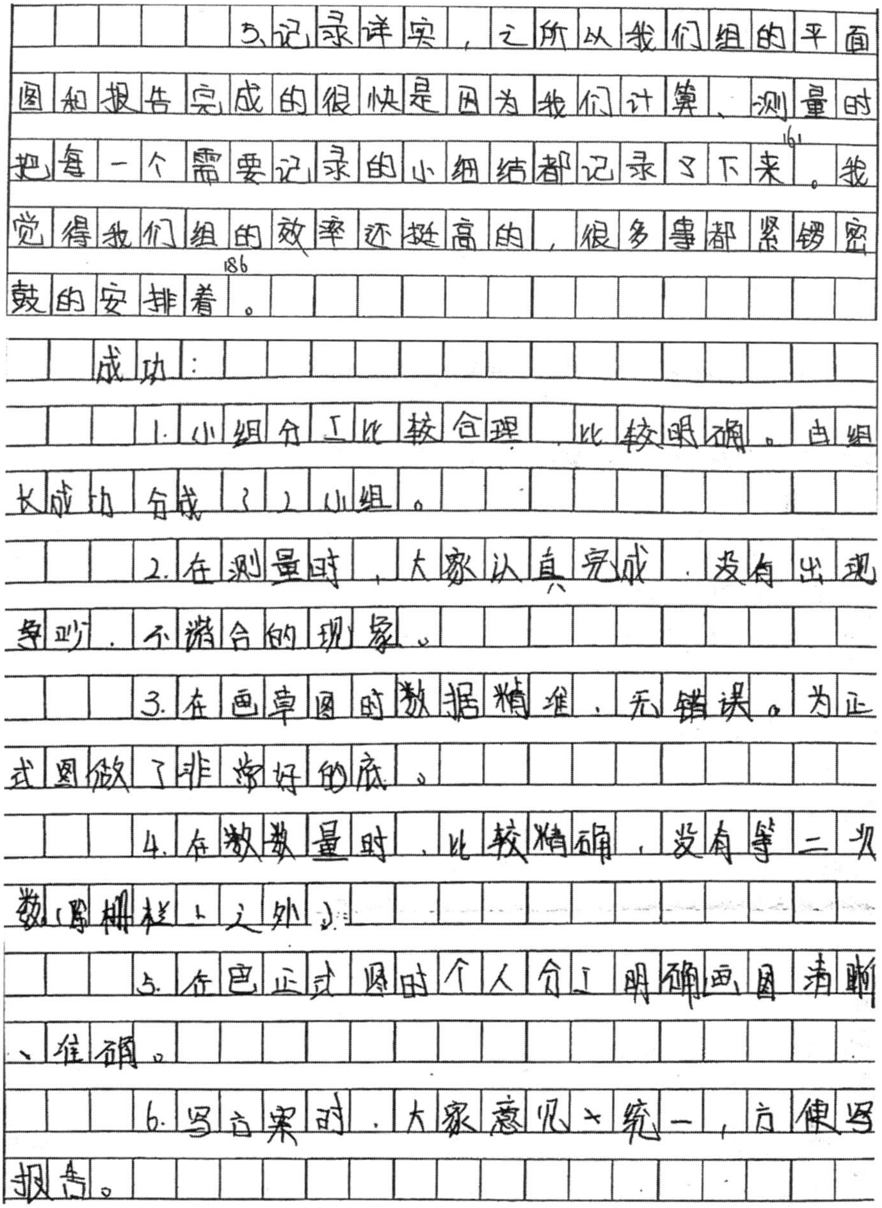

3.记录详实,之所以我们组的平面图和报告完成的很快是因为我们计算、测量时把每一个需要记录的小细结都记录了下来。我觉得我们组的效率还挺高的,很多事都紧锣密鼓的安排着。

成功:

1.小组分工比较合理,比较明确,由组长成功分成了小组。

2.在测量时,大家认真完成,没有出现争吵、不满意的现象。

3.在画草图时数据精准、无错误。为正式图做了非常好的底。

4.在数数量时,比较精确,没有等二次数(写栅栏上之外)。

5.在画正式图时个人分工明确,画图清晰、准确。

6.写方案时,大家意见×统一,方便写报告。

图 6-26 反思实践能力

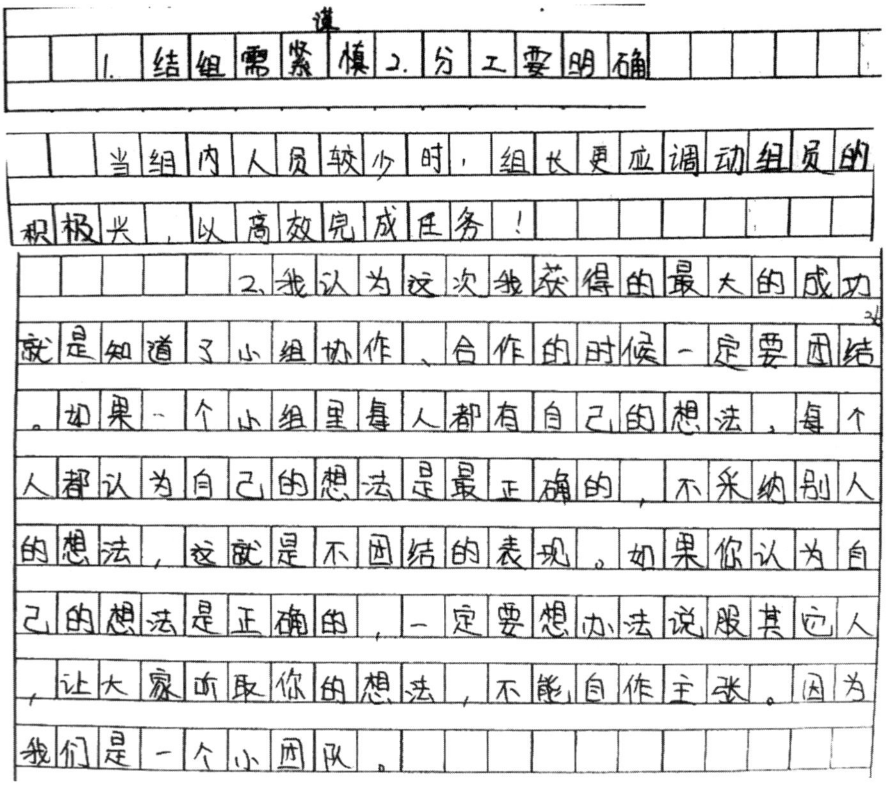

1. 结组需紧慎 2. 分工要明确

当组内人员较少时，组长更应调动组员的积极性，以高效完成任务！

2、我认为这次我获得的最大的成就是知道了小组协作、合作的时候一定要团结。如果一个小组里每人都有自己的想法，每个人都认为自己的想法是最正确的，不采纳别人的想法，这就是不团结的表现。如果你认为自己的想法是正确的，一定要想办法说服其它人，让大家听取你的想法，不能自作主张。因为我们是一个小团队。

图 6-27　反思团队合作能力

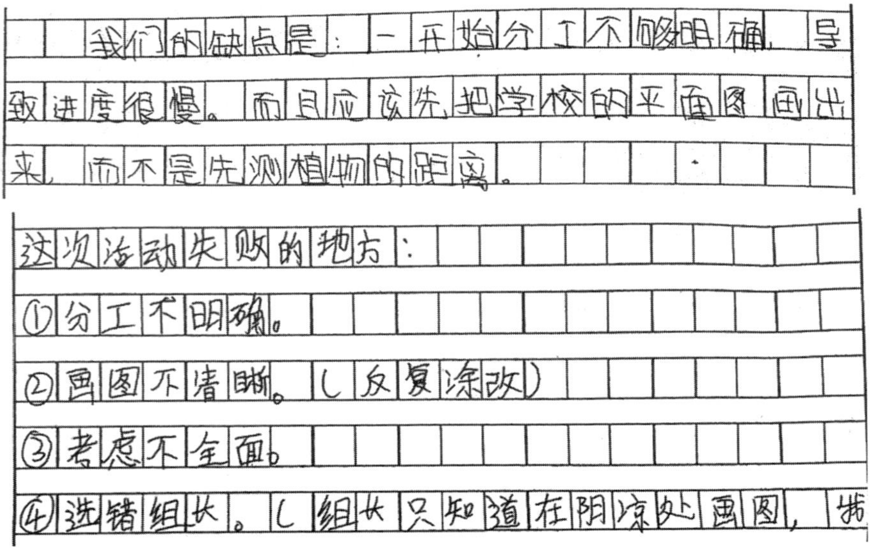

我们的缺点是：一开始分工不够明确，导致进度很慢。而且应该先把学校的平面图画出来，而不是先测植物的距离。

这次活动失败的地方：
① 分工不明确。
② 画图不清晰。（反复涂改）
③ 考虑不全面。
④ 选错组长。（组长只知道在阴凉处画图，特

图 6-28　反思缺点和失败之处

们测出来的数据从来不关心，只有等他把图画完了，然后再去测量反复测过多次的数据）
⑤团队中有分岐。

了，有的时候我们都很不团结，如：在画图时我们都是自个人画自个人的，就像画图时每一个人都想自己多画一点，有的时候还会把别人叫起来。

2.记录十分混乱，没有把数据分好类，画平面图时东找西找。

图 6-28　反思缺点和失败之处（续）

用不能有一点困难就放弃，要不断的测量才能得到结果。

我们的成功是当初觉得画平面图最困难了，不过我们最后还是完成了。

图 6-29　反思学习态度

第七章

教师成长——全面育人，教有特色

教师成长贯穿在教师职业生涯的整个过程。无论职前还是职后，教师均需要参加理论与实践学习培训，提升自己的专业能力，促进自身发展。而且教师评价作为学校评价教师教学实践与教学研究的重要组成部分，也是教师成长的主要反馈。随着社会的变革与教育现代化对教师素质的要求不断提高，目前基础教育教师队伍旨在培养专家型教师，要求教师具有较强的研究精神与创新精神以适应信息化时代的到来，培养富有创造力、全面发展的未来公民。

面对时代的挑战，我校建设和实施的验问课程，拓宽了教师的教学思路，还原了教学本真，成为促进教师专业发展的阶梯。从具有发问的意识到领悟提问的艺术再到提升验问的水平，教师的创造意识、创造能力和实践水平也不断提高。现在，教师能站在全面育人、全课程育人的高度思考问题，成为教学技术和课程的开发者和推广者。此外，学科融合课程和社会体验课程的设计与实施，打破了以教师为中心的课程和学习方式，使学生成为学习探究主体。教师在教学实践中因学生的变化而倍加欣喜，逐渐体验到教育的成就感和幸福感。同时，课程建设和实施也带动了教师的研究热情，激发了教师的科研兴趣，教师不断在研究与实践中提升自我、充实自我，积极参与市区各项活动，发挥自己的价值。

第一节 教师评价的理念与方式

一、教师评价理念

自教师步入岗位以来，一直接受来自学校、社会、家长、学生的评价。教师评价作为教师制度建设的重要体现，自20世纪中后期以来越来越受到重视。传统的教师评价认为学生成绩高、升学率高的教师就是好教师，这不仅不利于教师的专业发展，而且容易让教师误入歧途，将学生作为提高分数的工具，片面追求成绩的高低，忽视学生对知识的系统学习与理解，偏离教育的本质。

随着课改的持续推进，按照评价目的可以将教师评价分为激励性评价与发展性评价，其中激励性评价目标明确，更加重视对教师的量化考核，通过增加薪资、职称晋升等方式激励教师，曾为我国教师的管理工作做出巨大贡献。

（一）发展性评价

发展性评价作为教师评价的新理念，坚定地站在"人既是发展的第一主角，又是发展的终极目标"的立场上，关注教师全面素质的形成与发展，注重尊重教师人格，满足教师精神需求，重视激发教师工作的内在驱动力，把教师内在的发展需求与外在的压力有机地结合起来，帮助教师实现自我价值（李润洲，2002）。发展性评价对教师素质、教师职责、教师绩效与教师发展进行全面评价。发展性评价强调教师不再是一个单纯被动的被评价者，作为评价对象的同时，他应该成为自身的评价者，积极地参与评价活动，从而成为教师评价的主体之一。这种开放式、民主式的教师评价更利于教师主动参与评价之中，激励教师通过自我管理对自己的教学实践进行反思与改进，利于教师的成长与发展。

发展性评价是对传统教师评价的扬弃，其核心思想是以评价促发展，评价标准、评价过程、评价方式方法以及评价结果的处理都要有利于教师的发展与提高。它能够体现一定的社会公正原则，在规范人的同时解放人，最大限度地开发人的潜能，尊重人，信任人，调动人的积极性（司福亭，2009）。

（二）增值性评价

增值性评价是一种起源于英美的教师评价新模式。该模式基于教师效能，关注教师教学的"增值"部分，即关注学生在某一阶段内学业成绩的变化，而非简单地关注学生的最终成绩。此外，该模式对教师评价仅关注教师的"净效应"，即将影响学生成绩进步的其他因素舍去，仅关注教师在学生成绩进步中做出的贡献。这种新型的评价模式更好地促进了教师评价的公平性与客观性，引导教师关注所有学生的发展与成长。

增值性评价是一种相对较为客观、公平的教师评价体系，将教师效能与其他教师评价指标结合起来，取长补短，综合定量评价与定性评价的优势，也十分关注课堂教学过程的评价，有利于达成提高教师专业能力与提高学生学习能力的双重目标。

伴随着研究者对教师评价理念的持续更新，激励性评价逐渐淡出教师评价的视野。当下，对教师的评价不仅要求评价体系具有较强的科学性，还要求评价体系具有较强的人文性，关注教师发展的动态生成性。

二、教师评价方式

综合以往研究能够看出，教师评价的主要方式仍为教学有效性评价，该评价方式关注的主要内容为教学的实际效果。21世纪以来，美国学者将增值性评价与发展性评价相融合，提出教师教学有效性的全面评价模式。该模式的核心价值体现在以下4个方面：① 为学校改进教与学提供持续性的建设性意见；② 支持教师发挥教学特长，从而提高教师教学水平，提高学生学业成绩；③ 通过评估鉴别出最有效的教师、最有效的管理方式，并号召其他学校学习借鉴，从而提升全州各校的教学水平和管理水平；④ 将学生成绩与课堂观察信息相结合，对教师的教学有效性做出全面评估（董奇等，2003）。教学有效性评价主要集中评估学生成绩的进步幅度、学生的成绩以及对教师的课堂进行观察与评价。

通过对不同评价方式的分析与探讨，我校将教师的评价分为教师个人专业发展的评价以及对团队实施能力的评价。

（一）个人专业发展的评价（实验塔）

塔是中国建筑艺术的一个重要类型。在我校，每一名教师就是一座"实验塔"。有这样一群自由的"实验塔"在拔地而起，成为这所实验学校最重要的组成。塔的特点是下端固定上端自由，因此我们围绕课程准备、常态课、教学成绩、教研活动、培训进修等内容对"塔基"的稳固性进行评价，通过公开课、论文、科研、竞赛成绩、课程研发、成果著作等内容对"塔身"的高度与广度进行评价。学校各部门对个人"实验塔"情况进行过程记录和评价。不同时期，课程中心也会更新迭代评价标准。除了定量的评价，教师还会根据自身的发展创造一些惊喜：独特的课堂文化、特色的班级机制、创意创新发明、自主创造的教室文化……我们把这些也作为评价内容，帮助教师建立成长档案、书册展览并组织经验交流。在这里，塔的样式不是统一的而是丰富的，它的"美与自由"和"稳与坚固"同样重要；在这里，它是照明指引学生的灯塔，也是引领辐射教师的标志塔。除此之外，每学期学校将通过网络评价模块，让学生、家长对每一个"实验塔"进行评价，做到多方主体参与，以达到评价效果的全面性。

例如，在2020年疫情期间教师不仅需要做好充足的准备开展线上教学，还需要完成其他日常教育科研工作（见图7-1）。因此，课程中心对教师的个人专业发展评价做出了细微的调整与改进。教师需要在课前对课程进行详细的准备，包括完成听课记录、教学设计以及心得反思；上课时，教师需要提前上线完成线上考勤，并通过大数据反馈将学生的学习情况向家长进行反馈；课后及时跟进学生的学习情况，对学生的学习进行课后指导。此外，教师需要参与云教研，包括区级教研、校本教研和专题培训讲座；教师还需要在参与教研的同时完成教育科研工作以及其他学校工作。

海淀实验二小疫情期间教师评价												
课前准备			线上辅导			云教研			教育科研		其他		
听课记录	教学设计	心得反思	线上考勤	课前课后引导	反馈评价	区级教研	校本教研	专题主讲	课题研究	论文撰写	其他培训	PBL课程开发	社团课程实施	主题活动
辅导年级	全年级	全年级	讨论区建立	提前上线	负责年级	统筹学科	大数据反馈	家长学生反馈						

图7-1 教师评价图

教师个人专业发展的评价不仅仅局限于对教师教学效果的评价，还包括对教师科研能力与参与情况的评价。对教师来说，教师的发展不仅仅体现在教师教学水平的提高上，还表现在教师是否具备较强的科研能力上。在未来的教学中，教师不再只是传统的教书匠，教师需要肩负起塑造时代人才的重任，关注学生的全面发展，让师生之间真正实现教学相长，为学生的未来学习和终身学习奠定基础。而对教师的评价也将趋于多元化、人性化，更加与时俱进，顺应时代发展的需求。

（二）团队实施能力的评价（动车组）

在学校这一系统中，教师并不是孤军奋战的个体，而是由全体教师组成的团队。因此，对教师团队的评价也显得十分重要。学校中的团队多种多样，学科教研组是一个团队，课程开发组也是一个团队。每一名教师可能会处在不同的团队中，也会扮演不同的角色。为了促进教师的全面发展，学校将每一个教师团队视为一个"动车组"，尝试通过运行机制，改变"火车跑得快全靠车头带"的旧形式，强调团队合作的"动车组"原理。在对团队进行评价时，特别将建构领域课程体系作为团队评价的重要参考，以"团体做课程，团体得积分"为评价导向，促进课程发展抱团取暖。学校管理部门组成评价团队，结合校外专家，进行公正、客观的评价。

例如在课程建设的过程中，英语团队的发展成为全校教师团队的典范。英语"E+E"课程是以"节日"和"节气"为主旋律的中国优秀传统文化特色实验课程，分别于2019年5月和2019年12月承办了北京市小学混合式学习和二十四节气校本实践活动课现场会，引导学生用英语讲好中国故事，努力坚定文化自信，获得一致好评。此外，英语团队抓住每一次契机，不断反思和梳理，在英语课程不断推进的过程中，不仅加强了团队的凝聚力，更加提升了整个团队的教师专业素养。

总之，教育科研成果是教师有效实施课程的成果体现，课程建设成为促进教师专业发展的阶梯。在团队的共同努力下，教师气势十足，开发出种类丰富的课程体系，而团队得积分的形式更是激励了教师团队的斗志与积极研究的欲望，成为团队实施能力评价的有效措施。

第二节 研中学,项目中促成长

教师的成长不仅表现在教师专业水平的提升,在项目中的学习成长是提高教师研究意识、反思意识的重要手段,特别是让教师参与课程建设。教师是课程的建设者和实施者,任何课程改革只有经过教师的实践才能转化为教育成果。四年多的课程建设和实施成为促进教师专业发展的阶梯,教师的课程建设能力和实施能力得到提高,教学方式得以改变,越来越多的教师形成自己的教学特色,教育科研工作成效显著。

除此之外,数据能更加客观地对教师的成长做出评价。例如,在课程建设的过程中,通过对教师参与课程建设前的状态与参与课程建设后的状态进行调查,我们欣慰地看到:教师认为进行课程建设面临的最大困难中,课程理念的占比由最初的 50.43% 下降到 44.19%,教师能力的占比由 31.2% 下降到 11.24%。这说明近 90% 的教师有参与课程建设的意愿与热情,教师对课程建设持支持、关心的态度,并且参与课程改革的愿望比较强烈,希望通过参与学校课程建设得到更多的支持与发展。一些教师已经走上了课程开发的探索之路,数学实验课、语文阅读、英语剧社、微电影、创客、篮球、行进管乐、儿童画等拓展课程卓见成效。教师经历了四年的课程研究与实践,特别是 2020 年 1 月放假前,100% 教师参与课程案例故事撰写,教师从不同学科、不同角度,讲述了自身对课程的理解,对课程开发与实践的体会,对课程评价与效果的反思。教师普遍认为:是课程改变了教师教与学的方式,促进了教师对学科本质、学科思维的理解和把握,提升了课程能力,实现了学科育人功能。

一、以学生问题为驱动,带动教师的思考与探索

验问课程中的"验"和"问"是创造教育的实践路径,突出了学思结合、知行合一的特点,倡导敢于发问、不断探索、大胆实验、勇于检验的精神。在实验的过程中,学生需要经历探究式、合作式、思辨式的学习历

程，这促使教师在课程开发过程中主动探索思考，逐步将"实验"课具体化、系统化，从而真正地让实验课在我校落地生根，让验问课程更丰满。

数学"Σ"课程内容的开发与设计是教师根据学生年龄特点，每学期从教材所学内容、问题本入手，为学生创造验证疑问的机会，助力学生的成长。在"制作天平"这节课中，学生惊喜地发现只要挂在相同的数字上，天平就能平衡，这个小小的发现引发了学生更多的思考。"老师，能再多挂一块吗？"他们有了新的需求，激发了主动探究的兴趣。就这样，研究挂3块、4块、5块……甚至更多块重力板的活动开始了。特别是在研究4块重力板的时候，多数学生都在天平两边分别挂了两块重力板，此时，一个学生不太自信地举起手："老师，我想在左边挂3块，右边挂1块试试。"一石激起千层浪，学生迫不及待地发表自己的想法，有同意的，有不同意的，各有各的理由。这样的课堂充满了思考的乐趣！"老师试试吧，试试就知道了。"这是来自学生的需求，他们想真正地验证一番，这不正是"问验"意识的体现吗？尝试之后，学生看到了结果，教室里忽然安静了……接下来他们又要求进行了新的尝试，又有了新的发现：挂几块重力板不重要，要想天平平衡就要保证两边重力板挂的数量和要相等……"如果是减法能不能也平衡呢？""我能挂更多的重力板吗？"……学生的思考并没有因为活动内容的结束而结束，他们还在不断地产生新问题，还在不断地继续思考并尝试着。

"学而不思则罔"，思考的力量是学习不竭的源动力，思索后的求证更是促进思考的阶梯，数学实验课的教学方式不仅给学生，更是给教师对教学的认识带来新冲击。首先，有思考的教学情境是促进学生思考学习的有效载体，把握住数学学习的核心素养，结合数学教学内容挖掘相关的数学活动。在这样开放性的活动中，学生自主产生问题，自主产生研究需求，促进了学生的自主学习，也使得学生的自主学习逐渐有方向、有方法。其次，作为教师，我也看到了学生无限的学习能力，他们敢于大胆地假设、尝试，不论成功或失败，都能够从中有所收获，有所感悟。在这样的活动中，学习已经由对知识的掌握走向对素养的提升，也将教师由对知识的教学引向了对素养的培养。

二、在课程设计与开发的过程中,提高教师研究能力

对一线教师来说,教师通常认为教学实践是提高教师综合能力的重要平台,经常忽略项目研究对教师成长的益处。研究是加速教师成长的一种有效方式,在研究中,教师不仅需要模仿、经历研究的全过程,还需要在研究中不断反思探索,发挥自己的主观能动性,提高自己的教学研究能力。

教师在课程设计与开发中总是处于不断摸索、不断模仿的状态,通常会经历这样几个阶段:① 查资料,看看别人怎么上课;② 问题本,看看学生在想啥;③ 尝试上,看看是否适合上课;④ 设计上,课内课外拓展上课。就像教师提到的,从一开始充满疑问,不知如何去设计拓展课,到完整地完成一节拓展课,我渐渐有了一点感觉,慢慢地自己试着设计拓展课内容,一路走来,我对数学这门学科和数学拓展课以及验问课程都有了一些浅薄的思考,这个过程我也在不断地反思、不断地成长。论数学、物理的平均水平,美国学生确实远远不如中国学生,但是谈到"给天才/有兴趣的人的教育"时,中国确实有差距。我们要在他们选择文理科、选择大学专业前培养兴趣,拓宽视野,找到自己的兴趣所在。经过实践,不难发现,要想拓展课有意思,要搜集大量有关的素材,要善于发现生活中事物与数学的密切联系,要动员更多的教师和同学一起发现,资源共享。

教师不再依靠自己的教学经验设计开发课程,而是通过对已有研究资料进行分析,从学生的问题出发客观地寻找课程设计的切入点。在设计课程时,教师也会通过网络资源等多种渠道收集丰富的课程资源,更加全面地完成课程设计。

第三节 教中评,课堂中见真章

课堂教学是教师的主阵地,通过课程建设的不断深入,在教师的教学中能够看出教师不断改变自己的教学理念与方式,充分挖掘教学资源,以尊重学生的兴趣为出发点设计有效的数学学习活动。在教学中,教师不再

是传统意义上的教书匠，教师逐渐成为学生学习的引导者，引导学生发生有意义的学习。在这个过程中，教师的教学实践能力不断提升，教师的成长不容小觑。

一、充分挖掘有利于教学资源、改变教师教学的理念与方式

教材中的学习资源是有限的，而教师以此创造出的学习资源却是无限的。教师要做教材的主人，而不是教材的奴隶，教师需要创造性地理解教材和使用教材，将单纯枯燥的解决问题融于学生的实践中，从学生的认知需求中发掘课程资源。学生亲自经历观察、理解，从而达到动眼观察、动口表达、动脑思考，既集中了学生注意力，加强了感知、理解新知，又增加了学习兴趣，从中体会到数学的新知识大部分来自旧知识延伸的意义，提高了课堂效率，达到预期的学习效果。

《义务教育数学课程标准（2011年版）》中提到学生应"能通过观察、实验、归纳、类比等获得数学猜想、给出证明或举出反例"以及关于"基本活动经验"的新目标，数学活动经验的积累是提高学生数学素养的重要途径，需要在"做"的过程和"思考"的过程中积淀，"动手实践"也是学习的一种重要方式。俗话说"看一遍，听一遍，不如做一遍"，也正是如此。基于课程标准的引领，身边有哪些可以"做"的资源我们可以利用？最直接的资源就是我们手中的文本资源——教科书、教师用书、教与学的辅助书等。利用这些资源，但又不局限于完全按照教材中的内容与方法实施，而是让学生充分体验过程，让思维得到发展。

教学方式和学习方式的变革是一个长久的过程。教师要读懂学生，抓准数学本质，创设有助于学生自主学习的问题情境，引导学生通过实践、思考、探索、交流等，获得数学的基础知识、基本知识、基本思想、基本活动经验，促进学生主动地、富有个性地学习，并借助信息技术等手段对学生进行合理多变的评价。

二、教师的理念与实践先行，开展有效的数学学习活动

"有效的数学学习活动"来源于学生在生活中、学习中、同伴游戏中、交流中自己发现提出的问题，细心的教师有效地抓住学生的"好"问题，设计出"好"的数学学习活动，也源自教师深刻理解教材，根据教材或自

发开发课程。不难看出，两种来源都离不开教师，需要教师的专业性和敏感性，需要教师的理念和实践先行。数学教学活动中，教师要把基本理念转化为自己的教学行为，处理好教师讲授与学生自主学习的关系，根据学生的生理和心理特点，设计符合学生的活动和提示语，让学生积累数学活动经验，培养学生的应用意识和创新意识。

上一节好课的前提是备好一节课。在实践探索中，教师在讲课的方式上进行了改变，在聚焦单元重点、单元整合、关注学科本质的基础上，从核心问题和核心活动入手提出了"问题空间"的备课思路。在"问题空间"的引领下，课堂教学慢慢地发生着改变。

例如二年级"分苹果"这一课，在整体把握教材、单元整合的基础上，围绕"魔术师要将魔术袋里的糖果每4个装一袋"的情境展开了"盲分糖果"的核心活动，当最后一个盘子没有分到糖果时学生不禁产生了疑问："最后一个盘子为什么没有糖果呢？"在你一言我一语的辩论中课堂进入了别开生面的"我为盘子说说话"的活动，凸显了学生内心最真实的想法，这样的一个核心活动也将学生对除法意义的理解提升到对除法三量关系的理解和结构的认识上。再如，学习单、问题本、问题墙、课前五分钟分享等活动，使我们的课堂不再是简单的你问我答、你操作我观察、一带而过的同学质疑我解答，而是在真问题、真疑问、真需求下的真思考、真研究、真收获。这样的课程正是将验问课程的理念完全展现出来，其实验问课程就是把学生的探究欲望、研究欲望挖掘出来，从而为他们后续的学习提供不竭的动力。

三、从学生的兴趣出发，改变教师在教学中的角色

数学是一门严谨的科学，它逻辑的严密性限制了学生天马行空的想象，如何让学生真正地感受到研究数学的乐趣，发现数学与生活的密切联系呢？数学教材教给了学生最基本的、不可或缺的知识和技能，但这些知识到底能帮助学生解决哪些实际问题呢？当我们遇到困难时，应该选择怎样的策略帮助我们解决问题呢？看来仅仅传授教材中的基础知识和技能已经不能满足学生的需求了。如何更好地激发学生的学习兴趣呢？数学拓展课就是在这样的情境下应运而生，它既不完全脱离教材又高于教材，让学生在动手操作、猜想验证、游戏活动的过程中真正地爱上数学，爱上

研究。

结合小学生"喜欢动手操作，喜欢富有挑战性、新颖性、开放性的问题"的心理特征，教师在数学拓展课中通过借助实验材料创设他们喜欢的问题情境，这些"可视"的情境让问题变得亲切又具体可操作，让学生感觉"问题"是我自己发现的，不是老师"强加"的，学生就有了主动探究的欲望。苏霍姆林斯基说："教会学生善于思考是学校的首要任务。""教给学生能借助已有的知识去获取知识，这是最高的教学技巧之所在。"

数学拓展课点燃了学生思维的火花，为学生思考能力和创新能力训练搭建了广阔的平台。在数学拓展课的活动中，教师的角色进一步得到改变，引导学生进行猜想、实验、验证、交流等。在实践活动中，学生以小数学家的身份去观察、实验、分析、猜想、归纳、发现数学结论。学生的学习已由发现性学习转变为探索性学习，使数学教学成为再创造、再发现的教学。数学拓展课以体验式、研究式、合作式、自主式的学习方式为主，是综合性、实践性为主的学习活动。通过探索性的活动让每个学生都能参与各项活动中，从而让不同层次的学生都能得到自己的收获。教师作为学生学习活动的引导者，更关注学生在实践活动中的主动性，数学实验课促进了教师在教学中的完美转型。

在学校刚提出验问课程体系时，教师都很迷惑："我们平时每节课都在让学生提问题，这些问题和验问课程又有什么区别？什么样的问题可以作为核心问题？怎样让学生提出核心问题？是否每节课都按验问课程的模式去上呢？"但在验问课程的建设中，教师也感慨万千，经验丰富的老教师说："作为一名教师最为欣慰的、最值得回味的就是上学生喜欢的课，验问课程为我们提供了契机，为学生打开了一扇窗，我们要抓住这个契机，努力学习，做到人老观念不能老。"年轻有为的中年教师说："教材中的学习资源是有限的，而教师以此创造出的学习资源却是无限的，我们要做教材的主人，从学生的认知需求中挖掘课程资源，让学生在验问课堂中成长、发展。"初出茅庐的年轻教师说："渐渐地，每堂课不再是我自己费尽心机的独秀，而是和孩子们天马行空思维的碰撞，孩子们的精力不再那么涣散，而是围绕着主题进行集中的思考，我和孩子们就在这种验问课堂中教学相长。"

参 考 文 献

[1] 蔡上鹤.数学思想和数学方法[J].中学数学,1997(9):1-4.
[2] 董奇,赵德成.发展性教育评价的理论与实践[J].中国教育学刊,2003(8):22-25+49.
[3] 高凌飚,张春燕.探究性学习的特点———一个国外案例的分析[J].课程·教材·教法,2002(5):16-21.
[4] 郭玉峰,史宁中."数学基本活动经验"研究:内涵与维度划分[J].教育学报,2012,8(5):23-28.
[5] 郭玉峰,史宁中.数学基本活动经验:提出、理解与实践[J].中国教育学刊,2012(4):42-45.
[6] 霍益萍,张人红.研究性学习的特点和课程定位[J].课程·教材·教法,2000(11):8-10.
[7] 孔凡哲.基本活动经验的含义、成分与课程教学价值[J].课程·教材·教法,2009(3):33-38.
[8] 李润洲.发展性评价:教师评价的新理念[J].现代中小学教育,2002(6):53-55.
[9] 李召存.研究性学习初探[J].中国教育学刊,2001(1):53-55.
[10] 马云鹏.关于数学核心素养的几个问题[J].课程·教材·教法,2015,35(9):36-39.
[11] 史宁中.漫谈数学的基本思想[J].中国大学教学,2011(7):9-11.
[12] 史宁中.数学思想概论(第1辑):数量与数量关系的抽象[M].长春:东北师范大学出版社,2008:1.
[13] 司福亭.论发展性教师评价与教师专业发展[J].教育理论与实践,2009,29(24):37-39.
[14] 王林.我国目前数学活动经验研究综述[J].课程·教材·教法,2011,31(6):43-49.

[15] 王新民.论数学活动经验的基本内涵及其形成条件[J].课程·教材·教法,2013,33(11):55-60.

[16] 衣新发,于尧,王冰洁,等.托兰斯及其创造力的测量与教学研究[J].贵州民族大学学报(哲学社会科学版),2019(4):74-106.

[17] 余文森.论自主、合作、探究学习[J].教育研究,2004(11):27-30+62.

[18] 张奠宙,竺仕芬,林永伟."基本数学经验"的界定与分类[J].数学通报,2008,47(5):4-7.

[19] 张华.论"研究性学习"课程的本质[J].教育发展研究,2001(5):14-18.

[20] 张肇丰.试论研究性学习[J].课程·教材·教法,2000(6):42-45.

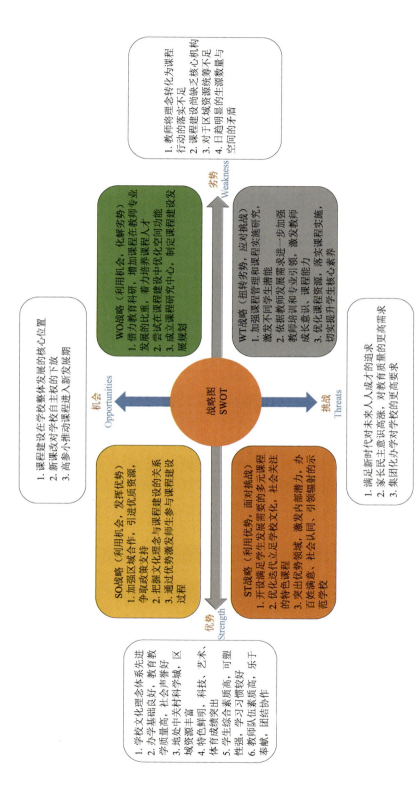

图1-2 SWOT矩阵战略分析

- 基于课题「小学教育理念与课程」

• 基于验问理念的数学"Σ"课程 •

图 1-3 一训三风

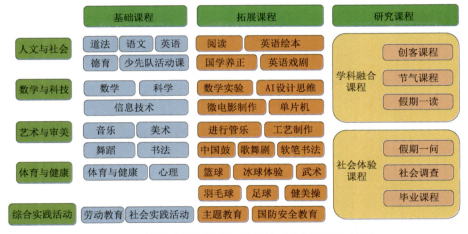

图 1-5 基于"创造教育"思想的"验问课程"体系

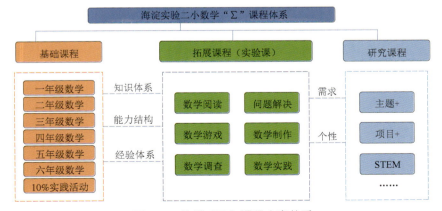

图 2-8 数学"Σ"课程内容体系

图 2-9 数学"Σ"课程能力体系

图 3-4 学生的作品

图 4-3 学生课堂交流（1）

图 4-17 学生作品（3）

图 4-30 学生作品（1）

图 5-24 自制天平① 　图 5-25 自制天平② 　图 5-26 自制天平③

图 5-27 学生作品（1）

图 5-28 学生作品（2）

图 5-29 学生作品（3）

图 5-30 学生作品（4）

图 6-13 学生组建团队并商讨问题解决方案

图 6-14 学生商讨问题解决方案

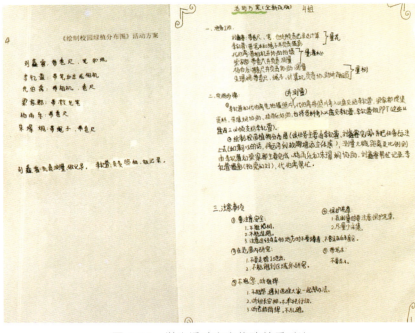

图 6-17　学生活动方案修改前后对比

图 6-18　学生在校园中开展调查研究